El Poder del Amor

**GREAT
COMMISSION
MEDIA**

Dr. Charles F. Stanley

El Poder del Amor

Charles Stanley
INSTITUTO PARA LA VIDA CRISTIANA
Serie Devocional

El poder del amor
Dr. Charles F. Stanley

© 2005 Great Commission Media

Título en inglés: The Power Of Love
© 2005 por Charles F. Stanley
Publicado en Atlanta, Georgia por Great Commission Media

A menos que se señale lo contrario, todas las citas bíblicas son tomadas
de la Versión Reina-Valera 1960
© Sociedades Bíblicas Unidas

Traductor: Luis Magín Álvarez
Editora: Eliana R. Collins

ISBN: 853770001-03-2

Serie Devocional

Toda solicitud de información debe ser dirigida a:
Great Commission Media
P.O. Box 548
Lebanon, GA 30146

Para solicitar otros productos de Great Commission Media, visite la página de Internet
www.institutocharlesstanley.org
www.charlesstanleyinstitute.org

Impreso en Estados Unidos de América
Printed in U.S.A.

Contenido

PRÓLOGO 8

DÍA 1. Experimentando el amor de Dios 13

DÍA 2. El Padre y el Hijo 18

DÍA 3. Un amor que sana 22

DÍA 4. Un amor inagotable 26

DÍA 5. Cómo recibir el amor de Dios 30

DÍA 6. La sanidad de la gracia 34

DÍA 7. Un amor perfecto 38

DÍA 8. Ame a sus enemigos 42

DÍA 9. Todo el panorama 46

DÍA 10. El perdón del amor 50

DÍA 11. Aprender a renunciar 54

DÍA 12. Ninguna queja 58

DÍA 13. Andar en amor 62

DÍA 14. La primera promesa del amor 66

DÍA 15. Una palabra de aliento 70

Día 16. Nuestro privilegio más grande 74

Día 17. Amor en acción 78

Día 18. Cuando alabamos 82

Día 19. El amor es más que un sentimiento ... 86

Día 20. El amor verdadero da 90

Día 21. Dispuesto a decir sí 94

Día 22. El amor de nuestro Padre celestial 98

Día 23. El compromiso del amor 102

Día 24. Amor con severidad 106

Día 25. Promesas fieles 110

Día 26. Esperando en el Señor 114

Día 27. Una influencia para toda la vida 118

Día 28. El perdón 122

Día 29. Solución de los problemas con la oración ..126

Día 30. Probado y fiel 130

Día 31. El poder del amor 134

Conclusión 138

Apéndice 143

Ni nunca oyeron, ni oídos percibieron,
ni ojo ha visto a Dios fuera de ti, que
hiciese por el que en él espera.

ISAIAS 64:4

Prólogo

LA PALABRA "AMOR" ES UNA DE LAS MÁS MAL-TRATADAS Y EXPLOTADAS DE NUESTRO IDIOMA. PERO SU PODER ES LO QUE MÁS FALTA NOS ESTÁ HACIENDO.

El concepto que muchas personas tienen del amor se basa en lo que Hollywood les ha enseñado a través de la televisión o el cine. Otras saben únicamente lo que han observado en los matrimonios destruidos o aquejados de problemas de sus padres. Por tanto, sus expectativas son poco realistas, y sus relaciones así lo demuestran.

Quizás usted ha sido herido profundamente después de haberle expresado sentimientos de amor a una persona. En lo más recóndito de nuestro ser, todos nosotros necesitamos ser aceptados y comprendidos; buscamos la aceptación de los demás. La mayoría hemos experimentado el dolor que produce el falso amor en nuestras vidas. Mi propósito con

este libro es que Dios lo utilice para ayudarle a descubrir lo que significa el amor verdadero, y para que
aprenda a vivir en su maravilloso poder. El amor
verdadero no se puede explicar. Es un regalo de
Dios. Tiene su origen en el Espíritu Santo, y repre-
senta el mayor poder del universo.

Lamentablemente, son muchas las personas que
no aman a nadie. No se aman a sí mismas, no aman
a Dios, y no aman absolutamente nada. Esto puede
deberse a la manera como fueron criadas; quizás no
fueron amadas por sus padres. Es probable que
nunca se les mostrara amor. Ni siquiera saben cómo
amar. No saben lo que es el amor, y por eso no
pueden darlo. También están las personas que han
amado sinceramente, pero que han sido profundamente heridas. Que han sido dolorosamente recha-
zadas, echadas fuera, y que ahora están solas. Por
tanto, para protegerse a sí mismas han bajado sus
cortinas emocionales; han levantado un muro
alrededor de su corazón. Se han rodeado de suficiente protección para que, no importa lo que suceda, nada pueda lastimarlas otra vez. Niegan el amor,

le cerraron la puerta, y si sienten que se están moviendo en esa dirección, le ponen fin. He aquí la razón: por haber sido heridas profundamente, no están dispuestas a arriesgarse a que eso les suceda de nuevo.

A veces, algunas personas que han sido heridas profundamente, se casan, con la esperanza de que de alguna manera, la otra persona les va a quitar todo el dolor. Pero traen al matrimonio ese mismo muro emocional que levantaron alrededor de su corazón. Le darán entrada a su cónyuge, por lo menos parcialmente, pero no una entrada total. Es posible que la persona que se casó con este tipo de persona no se diera cuenta de que había un muro. Entonces, cuando surgen desilusiones en la nueva relación, la persona comienza a hacer aun más alto el muro, y no transcurre mucho tiempo sin que la otra persona sea dejada fuera. No importa lo que la otra persona haga, es posible que sigan viviendo juntas. Pueden tener relaciones sexuales sin que haya amor. Pueden tener todo lo demás, pero hasta que haya un amor genuino, nunca tendrán la clase de relación que Dios quiso para su matrimonio.

Si usted se identifica con alguno de estos ejemplos, tenga la bondad de seguir leyendo con mucha atención. Si usted alguna vez va a amar a alguien, va a tener que ser vulnerable. No piense que podrá amar a una persona, no importa quién ella sea, sin sufrir jamás una decepción, sin nunca ser lastimado. Todos nosotros hemos herido a alguien que amamos, y también hemos sido heridos por alguien que nos ama. Eso es sólo parte de este mundo pecador en que vivimos. Pero hay muchas personas que nunca experimentarán el gozo maravilloso y el poder del amor incondicional, porque han sido heridas en el pasado y no están dispuestas a ser heridas una vez más. Por esa razón es que escribí este libro: para ayudarle a usted a conocer y a experimentar el verdadero amor. Después de que usted entienda la satisfacción y el gozo de amar y de ser amado, se arriesgará. Estará dispuesto a ser vulnerable. Puedo asegurarle, mi amiga o amigo, que no importa cuán profundamente haya sido usted herido; que no importa lo que le hayan hecho; que no importa

cuánto haya sido rechazado; que no importa lo que
pueda haber pasado; si usted cierra la puerta, si
levanta un muro, si se encierra en un tipo de protección auto impuesta, esto es lo que le sucederá: el
amor podrá tocar a su puerta, pero usted perderá
la oportunidad de conocerlo. Y si usted no llega
a conocer el amor en su vida, nunca sabrá qué es
la vida.

Los psicólogos nos dicen que nosotros
podemos comenzar a transformar nuestras conduc-
tas y actitudes negativas en apenas veintiún días, si
cambiamos nuestros hábitos y maneras de pensar.
Yo sé que Dios nos ha dado todo lo que hace falta
para que demos el paso siguiente hacia una comprensión completa y satisfactoria de lo que es el
amor verdadero. He escrito este libro para que le
sirva de herramienta durante los próximos treinta y
un días. Lea y estudie cada uno de estos principios,
y aparte tiempo para orar y para meditar en cada
reflexión. El Espíritu Santo le abrirá los ojos a Su
verdad, y cambiará su vida por el poder de Su amor.

Experimentando el amor de Dios

"Y nosotros hemos conocido y creído el amor que Dios para con nosotros. Dios es amor; y el que permanece en amor, permanece en Dios, y Dios en él" (Juan 4:16).

Cuando me acercaba a los cincuenta años de edad, una tensión en mi vida espiritual amenazaba con quebrantar mi fe. Me esforzaba como pastor, pero había un vacío en mi corazón. Predicaba todas las semanas y practicaba las disciplinas espirituales fundamentales, pero algo estaba faltando en mi alma.

Llegué a un estado de tal desasosiego e insatisfacción, que llamé a cuatro de mis amigos –todos ellos consejeros cristianos– para pedirles que se reunieran conmigo. Fue sin previo aviso, pero sorprendentemente, todos aceptaron. Durante nuestra primera noche juntos, hablé por más de ocho horas, contándoles todo sobre mi persona. Después que ellos se retiraron a dormir, me senté solo en mi habitación y llené diecisiete páginas de papel tamaño oficio con los detalles íntimos de mi vida.

La mañana siguiente derramé mi corazón ante Dios y ante estos hombres, revelándoles toda la información personal en que pude pensar. Aun así, no sentía alivio en mi espíritu.

Después de que el grupo hizo algunas reflexiones en cuanto a lo que yo había dicho, uno de ellos me pidió que hablara acerca de la muerte de mi padre, quien había fallecido cuando yo tenía nueve meses de vida. Cuando terminé de hablar, dijo: "Charles, pon tu cabeza sobre la mesa, e imagina que tu padre acaba de alzarte en sus brazos. ¿Qué sientes?"

Una represa emocional se desbordó precisamente en ese momento, y lloré por un buen rato. En realidad, me costó bastante detenerme. No estaba seguro de lo que Dios estaba haciendo, pero era indudable que Él había tocado el nervio espiritual más sensible de mi alma.

Cuando me serené, mi amigo me preguntó cómo me sentía. "Me siento abrigado, seguro y amado", respondí, y lloré nuevamente. Pero esta vez comprendí lo que Dios estaba haciendo.

Yo había creído en Dios desde que tenía doce años de edad. Quería obedecerlo, y tenía cierta comprensión en cuanto a la oración y a la importancia de leer la Palabra de Dios. Pero nunca había experimentado verdaderamente el amor de Dios. Su dulzura y Su bondad habían sido, algo adicional en mi vida cristiana. Es por eso que rara vez predicaba mensajes sobre el amor de Cristo. ¿Cómo podía predicar lo que yo no había experimentado personalmente?

Por medio de la bendita ayuda de mis amigos y del tierno ministerio del Espíritu Santo, pude identificar la causa de ese vacío interno. Debido a que mi padre había muerto cuando yo era un bebé, simplemente no entendía a Dios como un amoroso padre celestial –para mí Él había sido siempre una deidad distante e impersonal.

Ese encuentro transformó radicalmente mi vida. Todo adquirió un nuevo propósito y significado. Mi compañerismo con Dios entró en una nueva dimensión. Fue como si volviera a comenzar de nuevo mi vida cristiana.

En su vida puede haber algo que le impide experimentar y disfrutar plenamente del poder más maravilloso y liberador que hay en el cielo y en la tierra: el transformador amor de Dios. Aparte un tiempo para estar tranquilamente y a solas con Dios, para pedirle que lo haga consciente otra vez del amor que Él le tiene. Y deje que el Señor use el instrumento que elija para trabajar en usted de la manera que Él decida.

Si hace esto, comenzará a tener una nueva experiencia con Dios, que borrará todo lo que queda del pasado, y que hará surgir una nueva razón para tener una vibrante y personal amistad con Jesucristo, el amante de su alma.

ORACIÓN

Señor, ayúdame a entender la profundidad de Tu amor. Sé en mi mente que me amas; pero quiero experimentar Tu amor con mi corazón y con mi alma, no simplemente leer sobre o analizarlo en un estudio bíblico. Atráeme a Tu amor, y mantenme allí. Amén.

NOTAS DIARIAS

_____

_____

_____

_____

_____

_____

_____

_____

_____

_____

_____

_____

El padre
y el hijo

"El que no ama, no ha conocido
a Dios; porque Dios es amor"

(1 Juan 4:8).

¿Cuál es la motivación más fuerte en su vida?
Algunos son impulsados por el temor, la codicia o el
deseo carnal. Otros ven a la fe como un incentivo
fundamental. Pero cuando el amor está presente en
la vida de una persona, éste se convierte en una de
las fuerzas motivadoras más poderosas.

Primera a los Corintios 13 es llamado el "capítulo del amor" de la Biblia. Allí, el apóstol Pablo
habla de la preeminencia del amor sobre el
conocimiento, la fe, la generosidad e incluso el
supremo sacrificio de nuestra propia vida. Él explica

cómo actúa el amor: es paciente, benigno, humilde, afable, no tiene envidia, no busca lo suyo, no se irrita, no se goza de la injusticia, se goza de la verdad, soporta todas las cosas, cree todas las cosas, espera todas las cosas, y nunca deja de ser.

Usted pudiera pensar: *¡No estoy seguro de que pueda hacer eso!* Y tendrá toda la razón –nadie puede, por sus propias fuerzas, llevar a cabo estas acciones de amor. Es imposible sin tener a Dios todopoderoso, quien es la fuente del amor.

La Biblia nos dice, que Dios es amor (1 Juan 4.8). Cuando usted puso su fe en Cristo como su Salvador personal, el Espíritu Santo vino a morar en su vida; por consiguiente, tiene el amor de Dios dentro de su ser. Cuando se rinde a Él, el Señor permite que Su amor divino –no el amor humano– fluya a través de usted. Eso significa que los cristianos tienen una capacidad para amar que el no creyente no tiene; esta capacidad supera lo que los seres humanos pueden hacer en sus propias fuerzas. La Biblia llama "ágape" a este amor.

Por toda la eternidad ha habido una maravillosa

relación de amor entre el Padre y el Hijo. Desde antes de la creación del mundo y del hombre, desde antes que existiera el tiempo, Jehová Dios y Su único Hijo han vivido en una perfecta relación de amor.

Después de que Jesús fuera bautizado por Juan el Bautista, el Padre que está en el cielo expresó su regocijo por el Salvador, anunciando: "Este es mi Hijo amado, en quien tengo complacencia" (Mateo 3:17). Jesús dijo a los judíos que "el Padre ama al Hijo, y le muestra todas las cosas que él hace" (Juan 5:20). Al conversar íntimamente con Sus discípulos en la Cena Pascual, Cristo dijo claramente: "Amo al Padre..." (Juan 14:31).

Nosotros podemos experimentar la clase de amor que existe entre el Padre y el Hijo. Jesús dejó atónitos a Sus discípulos con estas palabras: "Como el Padre me ha amado, así también yo os he amado; permaneced en mi amor" (Juan 15:9). El amor de Dios el Padre por Su Hijo, y el amor del Hijo por Su Padre, está al alcance de todo cristiano. Dios le invita a usted, por medio de la fe en Su Hijo, a participar de Su amor.

ORACIÓN

Señor, gracias por la devoción de tu Hijo Jesucristo. Gracias por el ejemplo que Él es para mí de Tu amor inagotable. Gracias porque puedo conocer Tu amor de la manera que Él lo conoció. Ayúdame a amarte a la manera de Cristo. Amén.

NOTAS DIARIAS

_____

_____

_____

_____

_____

_____

_____

_____

_____

_____

_____

Un amor que sana

"Cercano está Jehová a los quebrantados de corazón; y salva a los contritos de espíritu"
(Salmo 34:18).

¿Ha estado alguna vez al borde de la desesperación, tan desilusionado y desanimado que se ha preguntado si Dios le amaba en verdad? ¿Ha sido tan lastimado por circunstancias dolorosas, o por las acciones desconsideradas de un ser amado, que ha dudado que Dios pueda realmente sanar su herida?

Todos hemos experimentado la angustia de esos momentos; y si la perspectiva que tenemos en cuanto al amor de Cristo es borrosa, podemos sucumbir a una gran depresión y desilusión. ¡Cuán agradecido estoy de que nuestro Salvador acuda en nuestra ayuda con un amor tierno en esos momentos!

Al referirse a la naturaleza del ministerio del Mesías que habría de venir, el profeta Isaías dijo: "No gritará, ni alzará su voz, ni la hará oír en las calles. No quebrará la caña cascada, ni apagará el pábilo que humeare" (Isaías 42:2, 3).

Más de ochocientos años después, Mateo pensó en las palabras de Isaías y las utilizó para describir la vida terrenal de Jesús cuando éste sanaba los cuerpos quebrantados y daba alivio a las mentes atormentadas, tocando las vidas de personas física y emocionalmente dañadas. Algunos eran sordomudos, o poseídos por demonios. La mayoría de ellos, eran marginados por la sociedad. Pero Jesús cambió su mundo triste y desesperado por otro de esperanza renovada. El poder sanador del amor de Jesús puede cambiar su vida, también.

Si usted se siente como una "caña cascada" a punto de romperse, o como un "pabilo que humea", ¡Anímese! El amor de Dios es lo suficientemente grande y tierno para sanar sus heridas y revivir su espíritu. En sus momentos débiles, Dios es perfectamente suficiente para sostenerle. Puede contar con que la tierna misericordia de Dios le fortalecerá en sus horas más sombrías.

El amor de Dios es infinito, y nada puede impedirlo. No importa qué tan grande sea nuestro pecado ni qué tan pequeña sea nuestra fe.

ORACIÓN

Padre celestial, la vida puede ser difícil y, a veces, me siento derrotado por la adversidad. Me pregunto entonces dónde estás Tú y si escuchas mis oraciones, pero yo sé en mi corazón que sí las escuchas. Por favor, fortalece mi fe hoy, y renueva mi fe en Ti. Amén.

NOTAS DIARIAS

DIA 3 UN AMOR QUE SANA

_____

_____

_____

_____

_____

_____

_____

_____

_____

_____

_____

_____

_____

_____

_____

_____

_____

_____

_____

_____

_____

_____

Un amor inagotable

*"Nos acordamos de tu misericordia,
oh Dios, en medio de tu templo"*

(Salmo 48:9).

Leo los salmos todos los días, y cada vez encuentro una nueva bendición. David escribió con todo detalle sobre el inagotable amor de Dios, y sus veraces palabras ofrecen verdadera fortaleza y consuelo.

Los escritores del Antiguo Testamento utilizaron la palabra hebrea *hesed* para expresar el cuidado de Dios por Sus hijos. La palabra –traducida a veces como "misericordia" o "amor firme"– comunica la idea de la permanencia del amor incondicional de Dios por nosotros.

A diferencia del amor que se muestran las personas, el amor de Dios es infinito y lo suficientemente grande como para perdonar el agravio más grave. Soporta las mayores aflicciones y sana las heridas más profundas. La firmeza del amor de Dios nunca cambia, nunca disminuye por nuestra conducta, y nunca se debilita por nuestra indiferencia o incluso por nuestra rebeldía. El amor de Cristo no tiene límites –persiste en medio de todas las circunstancias y todo el tiempo. El libro de Hebreos lo expresa de esta manera: "No te desampararé, ni te dejaré" (13:5).

Puesto que el amor de Dios por nosotros es inagotable e invariable, podemos tener la seguridad de Su fidelidad. El rey David, cuya vida estuvo siempre en peligro, escribió: "Por cuanto el rey confía en Jehová, y en la misericordia del Altísimo, no será conmovido" (Salmo 21.79. Su vida fue inestable algunas veces, pero su fe y su confianza descansaban seguras en el inigualable amor de Dios por él –y lo mismo podemos hacer nosotros.

Si hay algo que ha estabilizado mi vida a través de todos estos años, es el tiempo a solas con el Señor que tengo cada mañana. Moisés dijo: "De mañana

sácianos de tu misericordia, y cantaremos y nos alegraremos todos nuestros días" (Salmo 90:14).

Si usted comienza cada mañana meditando en
el inagotable amor de Dios, en la forma cómo se lo
expresa, en su inmensidad y su poder, su vida cambiará totalmente. Cuando más tiempo pase con el
Señor, más llegará a conocer Su amor sin límites, y
más gozoso se volverá. Y cuanto más gozoso se
vuelva, más emocionante será su caminar con Jesús
y más dinámica su fe.

El firme amor de Cristo es nuestra ancla en
todas las tormentas, y lo que satisface los anhelos
más profundos de nuestro corazón.

ORACIÓN

*Padre celestial, casi no puedo imaginar lo que
significa Tu amor inagotable, incesante. Lo que
sí sé, es que eso es lo que anhela mi corazón.
Concédeme, cada día, tener una comprensión
más completa de lo mucho que Tú me amas
realmente. Al mismo tiempo, enséñame cómo*

expresar ese amor a los que me rodean. Gracias por crear la necesidad de amor dentro de mí, y por satisfacer esa necesidad. Amén.

NOTAS DIARIAS

_____

_____

_____

_____

_____

_____

_____

_____

_____

_____

_____

_____

_____

_____

DÍA CINCO

Cómo recibir el amor de Dios

*Porque ha engrandecido sobre nosotros
su misericordia (Salmo 117:2).*

Uno de los primeros versículos de la Biblia que aprendí cuando era un joven creyente, es Juan 3:16: "Porque de tal manera amó Dios al mundo, que ha dado a su Hijo unigénito, para que todo aquel que en él cree, no se pierda, mas tenga vida eterna" (Juan 3:16).

A medida que he crecido en Cristo, he entendido que toda la Biblia es la revelación del amor de Dios por nosotros. Génesis hasta Apocalipsis es la historia del persistente amor de Dios para redimir y reconciliar a los seres humanos, a fin de que tengan un compañerismo eterno con Él.

¿Cómo, es que desarrollamos esa terca resistencia a recibir el amor de Dios y a disfrutar de él?¿Por qué hay tantos cristianos que viven con sentimientos de condena, temor y duda? Sabemos de Su amor por medio del estudio de la Biblia, pero el conocimiento de Su amor muchas veces no es capaz de vibrar en nuestros corazones. Sabemos mucho acerca de la sana doctrina, pero nuestras almas suspiran por Su toque.

Quizás la razón más clara de este dilema es el predominio del orgullo en nuestras vidas. Ponemos nuestra confianza en nosotros mismos y creemos que ya no necesitamos de nadie después de que Dios nos salvó de la condenación eterna. Sin embargo, empeñarse en tener una vida digna del sacrificio de Cristo sin Su ayuda, es una empresa imposible que sólo lleva al agotamiento y a la frustración.

Felizmente, el gran amor de Dios puede ir más allá de las barreras del orgullo, y llevarnos a un punto de verdadera humildad. Jesús dijo: "Como el Padre me ha amado, así también yo os he amado; permaneced en mi amor" (Juan 15:9).

Él utilizó la palabra griega ágape, un término poco usado por los griegos, que expresa el concepto de adoración absoluta.

El amor incondicional significa esto: Que Dios le ama tal y como usted es. ¿No es eso algo que todos anhelamos, el ser amados sin condiciones ni reservas? Dios le ama cuando usted le obedece, pero también cuando se rebela. Eso no significa que Él tolera el pecado –Él murió por el pecado– ni que minimiza sus consecuencias. Pero sí significa que Su amor por usted es firme, a pesar de sus acciones.

No importa lo mucho que dependa de sí mismo, nunca es demasiado para poner la fe en el Señor. Si lo hace, el amor ágape de Dios transformará su vida completamente. Él ya le ama ahora como jamás podrá amarle, y Su amor es sin condiciones, es un regalo, dado por un corazón puro. Esto puede sonar demasiado bueno para ser verdad, pero es así. Recíbalo, acéptelo, y jamás volverá ser la misma persona.

ORACIÓN

Padre celestial, por mucho tiempo he confiado en mí mismo, por lo que me resulta difícil confiar mi vida a alguien más, pero decido hacerlo hoy. Pongo mi esperanza en Ti. Muéstrame los sitios de mi corazón donde se ha enraizado el orgullo, y ayúdame a rendirlos a Ti. Me humillo y te pido que me reveles Tus palabras de amor que están en las Escrituras, para que yo pueda estar sólidamente arraigado en el conocimiento del amor ágape. Amén.

NOTAS DIARIAS

_____

_____

_____

_____

_____

_____

_____

_____

La sanidad de la gracia

Tenemos paz para con Dios por medio de nuestro Señor Jesucristo; por quien también tenemos entrada por la fe a esta gracia en la cual estamos firmes (Romanos 5:1, 2)

Reconozco que tengo una personalidad "tipo A". Me gustan las metas definidas, disfruto trabajando mucho y me esfuerzo por rendir al máximo de mi capacidad. No hay inherentemente malo en esta forma de pensar, pero puede a veces conducir a una confianza en uno mismo que resta importancia al maravilloso poder de la gracia de Dios.

La gracia de Dios es una importante realidad que debemos entender y recibir. El Evangelio nos dice que Jesús fue lleno de "gracia y de verdad".

Su mensaje a los apóstoles fue el del triunfo de la
gracia sobre la ley. Sin la piedra angular de la gracia,
el evangelio sería fundamentalmente imperfecto. No
comprendemos qué es la fe cristiana ni el amor de
Cristo, hasta que entendemos qué es la gracia.

¿Qué es la gracia? Es el amor y la bondad de
Dios para con la humanidad sin tener en cuenta el
mérito de quienes la reciben, y a pesar del hecho de
que no la merecemos. Debido a Su gracia, no
podemos hacer nada para lograr que el Señor nos
ame más o menos de lo que ya lo hace.

Cuando entendemos esta realidad, abando-
namos nuestros fatigosos esfuerzos por obrar bien
para ganarnos Su amor. No tenemos que ser unos
triunfadores para que Dios nos ame. Somos redimi-
dos solamente por el sacrificio de Jesucristo, y ése es
un don gratuito para todos lo que estén dispuestos
a aceptarlo -no podemos hacer nada para merecerlo.

Lamentablemente, muchas personas están tan
acostumbradas a ganarse la aceptación de los
demás, que tratan de hacer lo mismo con Dios.
Pero Su gracia está absolutamente en contra de esta

idea. No tenemos que hacer nada para merecer el afecto de Dios; le somos agradables porque Cristo murió por nuestro pecado.

¿Se está esforzando por ganar el favor de Dios? Ya lo tiene. ¿Hay algo más que piensa que debe hacer para ser aceptado? Dios ya ha hecho por medio de la cruz de Cristo todo lo que usted necesita para ser aceptado.

Efesios 2:8, 9 nos dice: "Por gracia sois salvos por medio de la fe; y esto no de vosotros, pues es don de Dios; no por obras, para que nadie se gloríe". Cuando Pablo escribió a Timoteo, animó al joven a encontrar su fortaleza únicamente en la gracia de Dios (2 Timoteo 2:1). La obra de Cristo en la cruz ha sido abonada a su cuenta, para que pueda vivir una vida abundante libre del pecado y de la culpa (Juan 10:10).

ORACIÓN

Señor, últimamente he sido atormentado por sentimientos de culpa, creyendo que no estaba haciendo lo suficiente para ganar Tu compañía. Pero Romanos 5 me dice que tengo paz contigo por causa de Tu gracia. ¡No tengo que hacer nada ni ser nada! Jesucristo lo hizo todo. Gracias por ese sacrificio. Gracias por aceptarme tal como soy. Amén.

NOTAS DIARIAS

_____

_____

_____

_____

_____

_____

_____

_____

_____

_____

Un amor perfecto

En esto consiste el amor: no en que nosotros hayamos amado a Dios, sino en que él nos amó a nosotros, y envió a su Hijo en propiciación por nuestros pecados (1 Juan 4:10).

El amor es el regalo más grande que Dios nos ofrece, pero es lo que nos resulta más difícil de recibir. ¿Por qué razón? Primero, porque no creemos merecer Su amor, lo cual es verdad. En segundo lugar, porque no lo comprendemos no podemos comparar la calidad del amor de Dios con la nuestra. Queremos creer que Él nos ama de la misma manera que nosotros amamos a los demás. Sin embargo, esa idea nos deja con la duda de si Dios nos amará siempre como lo promete la Biblia.

El amor de Dios no está basado en las emociones, como muchas veces lo está el amor humano;
está basado en Su carácter. La Biblia nos dice que
Dios es amor (1 Juan 4:8). Y puesto es que imposible que Él haga algo contrario a Su naturaleza, Su
amor es seguro y eterno.

Además, Su amor es un regalo. Santiago 1:7
enseña: "Toda buena dádiva y todo don perfecto
desciende de lo alto, del Padre de las luces, en el
cual no hay mudanza, ni sombra de variación". Es
decir, el amor de Dios no cambia y es independiente
de que creamos merecerlo o no. No podemos
ganarlo ni dar nada a cambio de ese amor, porque el
regalo de Dios es algo que Él ofrece gratuitamente.

El amor de nuestro Padre celestial es perfecto.
Dios es la perfección absoluta de cada aspecto de Su
carácter. Por ejemplo, Su poder es poder perfecto,
así como Su conocimiento es conocimiento perfecto. Cada uno de Sus atributos es lo máximo de la
perfección. Puesto que Su amor es perfecto, sabemos con seguridad que ese amor nos beneficiará.
Dios siempre nos tratará de acuerdo con Su amor.

Recuerdo la vez en que me encontraba luchando con una circunstancia en mi vida. Cierta mañana, me sentía tan abrumado que me arrodillé junto a la cama y derramé mi corazón delante de Dios, diciéndole: "¿Por qué simplemente no resuelves esta situación?". Luego, fue como si Dios me susurrara: "Puedes confiar en mi amor perfecto". De repente, me sentí descargado, mi frustración desapareció, y mi ansiedad se esfumó.

Mi comprensión del amor de Dios dio ese día un gran paso de avance. Entendí que Su amor es fiel en todas y cada una de las situaciones de la vida. No importa lo que usted está enfrentando, no importa cómo se esté sintiendo, Dios le ama... de una manera perfecta.

ORACIÓN

Querido Padre celestial, Tu amor por mí es perfecto, pero a pesar de eso lo olvido con frecuencia. Te ruego que me ayudes a confiar en Ti completamente, a pesar de las situaciones en que me encuentre. Ayúdame a entender plenamente Tu amor, y a poner mi confianza en Ti. Amén.

NOTAS DIARIAS

_____

_____

_____

_____

_____

_____

_____

_____

_____

_____

_____

Ame a sus enemigos

Amen a sus enemigos, háganles bien

(Lucas 6:35 NVI)

Una de las pruebas más grande en lo personal, ocurrió en mi trabajo con la Primera Iglesia Bautista de Atlanta. Acababa de convertirme en su pastor principal después de un período de controversias. Una vez que estaba de pie en el púlpito, un hombre se me acercó y me dio un golpe. Ése fue uno de los incidentes en los que personas mostraron su desagrado y su ira.

En ese momento, me sentí abrumado por mis emociones y tuve que hacer una decisión difícil. Podía responder en la carne, o podía dejar que el amor de Dios actuara a través de mí. El mandamiento de Jesús de amar a mis enemigos me parecía imposible de cumplir, pero descubrí que el amor de Cristo puede cambiar nuestras emociones y prepararnos para obedecer.

La difícil relación que tuvo David con el rey Saúl me ha enseñado cómo tratar a los que me lastiman. Perseguido implacablemente, David pasó años viviendo en despeñaderos y cuevas, mientras Saúl disfrutaba de todas las ventajas de su condición de rey. David tuvo dos veces la oportunidad de matar a su angustiador, pero decidió más bien demostrar su lealtad.

David no tomó venganza, y si nosotros somos sabios haremos lo mismo. Cada vez que buscamos el desquite –de manera sutil u ostensible– impedimos que actúe el poder del amor de Dios. La retaliación quita el asunto de la mano providencial de Dios y lo pone bajo nuestro control pecaminoso. Eso viola la ley del amor, a la que Pedro define así: "No devuelvan mal por mal ni insulto por insulto; más bien, bendigan" (1 Pedro 3:9 NVI).

¿Qué puede hacer para no devolver el golpe

que ha recibido? Refugiarse en la soberanía de Dios.
Jesús, cuando colgaba en la cruz, no respondió con
maldición; cuando padecía, no amenazó, sino que
encomendó la causa al que juzga justamente (cf. 1
Pedro 2:23). Tanto David como el Mesías hicieron
de Dios su escondite de los malvados, confiando en
que Él se encargaría de sus heridas.

Cuando usted deja su vida y sus circunstancias
en las manos de Dios, eso lo libera para perdonar a
la persona que le ofendió. De la cruz brotó el amor.
David le habló misericordiosa y cortésmente a Saúl.
Asimismo, nosotros debemos hacer bien a los que
nos causan daño. Si les hablamos bondadosamente,
nuestro pensamiento de retaliación desaparecerá a
medida que el amor tome su lugar.

La expresión más noble de amor es darlo a
quienes no lo merecen. Eso fue lo que hizo Jesús
cuando se dio a Sí mismo por nosotros, ¿y no estamos nosotros llamados a ser cómo Él? Ame a sus
enemigos, y su fe se fortalecerá. Usted puede hacerlo, porque Dios le amó primero.

ORACIÓN

Señor, reconozco que a veces es difícil perdonar a los demás cuando me tratan mal. Mi reacción natural es distanciarme de ellos o de vengarme. Te pido que muevas mi espíritu para que responda con bondad cuando alguien me ofenda. Sé que puedo hacer esto sólo a través del poder de Tu Santo Espíritu. Amén.

NOTAS DIARIAS

_____

_____

_____

_____

_____

_____

_____

_____

_____

_____

_____

Todo el panorama

"El hombre mira lo que está delante
de sus ojos, pero Jehová mira el corazón"
(1 Samuel 16:7).

Recibimos mucha inspiración de las personas en la Biblia, pero muchas de ellas fueron seres comunes, no diferentes de nosotros. Moisés y Pedro tuvieron comienzos humildes. David enfrentó serios obstáculos a lo largo de toda su vida. Gedeón se inició lentamente, le fue bien por un tiempo, y tuvo un fin oscuro.

Las vidas de estas personas nos dicen sobre la vida cristiana y de nuestra capacidad para vivirla. Por medio de la lectura de la Biblia podemos ver que Dios está tan interesado en el proceso de nuestras vidas, como en el resultado final.

Los que confían en Cristo como su Salvador
llegarán seguros al cielo. El sacrificio de Jesús en la
cruz resolvió esa cuestión. Por tanto, el proceso de
hacernos más como Cristo es el primer objetivo de
Dios durante nuestra estadía en la tierra.

Nuestro desarrollo espiritual implica fracasos y
éxitos, alegrías y tristeza, sabiduría, paz e intran-
quilidad. Si sigue con atención las vidas de Moisés
y David, verá muchos altibajos. Llegar a ser como
Cristo es una tarea de toda la vida, que involucra
avances y retrocesos.

Por los relatos en la Biblia, sabemos que Dios
está más interesado por nuestro mejoramiento que
por la perfección. Los hombres y las mujeres usa-
dos por Dios en la historia, y las que Él utiliza hoy,
están lejos de ser perfectos. Lo que importa a Dios
es un corazón inclinado a la obediencia a Él, que
se arrepienta cuando haga el mal, que se contriste
cuando sea desobediente, y que se humille cuando
ponga la confianza en sí mismo. Aunque nuestro
mejoramiento espiritual incluye el fracaso, éste nos

acerca más en nuestra relación con el Salvador.
Dios toleró los fracasos de David porque el
corazón del rey estuvo inclinado a Él.

Lo que a mí me impresiona y me estimula más
es cuando pienso en estas personas, es que Dios
vio el potencial para el bien que había en ellas, y
esperó con paciencia que se desarrollara. ¿Qué
agricultor desecha un cultivo a medio crecer? Lo
riega, lo vigila y lo protege hasta el tiempo de la
cosecha. Cuando Dios le salva, Él conoce el gran
potencial espiritual que hay en usted. Las vacila-
ciones que tuvo Pedro al comienzo se vuelven
insignificantes en comparación con su posterior
lealtad y consagración. Los cuarenta años de exilio
de Moisés fueron sólo una preparación para
cuarenta años de gran liderazgo.

Dios ve el mejoramiento final, y Él ve el
potencial ilimitado que hay en las personas. Usted
puede ser liberado para andar y actuar bajo Su
amor. El propósito de Dios es para toda la
eternidad, pero Él está con usted hoy para ayudarle a sacar el mayor provecho de cada oportunidad.

Si flaquea o cae, Él le ayudará a caminar derecho de nuevo.

ORACIÓN

Misericordioso Padre celestial, estoy muy agradecido porque ves mi vida desde una perspectiva eterna y porque tienes un plan maravilloso para mi vida. Por mucho que no me gusten las experiencias difíciles, ellas me ayudan a saber que Tú no has renunciado a mí. Tú eres tan misericordioso. Sólo quiero darte las gracias por tener todo el panorama en mente. Amén.

NOTAS DIARIAS

_____

_____

_____

_____

_____

_____

_____

DÍA DIEZ

El perdón del amor

Si vuestros pecados fueren como la grana,
como la nieve serán emblanquecidos; si fueren
rojos como el carmesí, vendrán a ser como
blanca lana (Isaías 1:18).

Un día estaba revelando mis fotos, e hice un descubrimiento interesante. A veces uso filtros de
colores sobre mis lentes de la cámara para tomar
fotografías en blanco y negro. Un filtro de color
amarillo débil oscurece el cielo y hace brillantes las
nubes. Un filtro rojo realza el blanco. Ese día, hice
un experimento viendo un punto rojo sobre una
hoja de papel blanco a través de un filtro rojo. Para
mi sorpresa, el punto se volvió blanco cuando lo vi a
través del filtro rojo.

Este descubrimiento me reveló algo acerca de
la descripción que el profeta Isaías hace del pecado.
Nuestro pecado, descrito como rojo por Isaías, se
vuelve blanco como la nieve y la lana cuando es
visto a través de la cruz roja del Gólgota. Ésta es la
gran transformación que produce el perdón. Jesús,
el Cordero de Dios, quitó nuestra iniquidad con Su
sangre derramada en la cruz. Nuestras faltas pasadas,
las transgresiones de hoy y la desobediencia de
mañana han sido perdonadas totalmente por el
sacrificio hecho por Cristo una vez para siempre.

Por su propia iniciativa, Dios en Cristo le ha
limpiado a usted de toda mancha de transgresión. Y
aunque sufre todavía funestas consecuencias cuando
peca, nunca es tratado como pecador por el Padre
celestial. Usted es una nueva creación en Cristo, un
santo creado a la imagen de Su Hijo.

Pero el perdón de Dios no sólo quita sus pecados, sino que además acredita a su cuenta la justicia
de Cristo. Éste es un aspecto eficaz del pecado
muchas veces ignorado. En su cuenta no se puede
poner ninguna culpa, porque ha sido justificado,

declarado "inocente" por el Juez mismo.

Dios expresa la plenitud de Su amor por usted, porque ya no hay ninguna barrera –la justicia ha sido satisfecha. El perdón total de Dios, dado por gracia, borra toda culpa. El Espíritu Santo le convencerá del pecado, pero si recibe el perdón del Señor, jamás aparecerá como culpable delante de Dios.

Así es como Dios le ve: puro como la nieve, blanco como la lana. Sus pecados han sido limpiados eternamente por medio de la sangre derramada por Cristo. Puesto que así es cómo Él ve, ¿no debería usted verse de la misma manera?

ORACIÓN

Padre celestial, puedo ver cumplidos Tus milagros y Tus promesas con sólo abrir mis ojos a Tu creación cada día. Y el saber que me ves como puro, limpio y libre de culpa, es un milagro. Quiero darte las gracias y alabarte por Tu ejemplo de amor, vivo y perfecto. Amén.

NOTAS DIARIAS

_____

_____

_____

_____

_____

_____

_____

_____

_____

_____

_____

_____

_____

_____

_____

_____

_____

_____

_____

_____

_____

DÍA ONCE

Aprender a renunciar

En tu mano están mis tiempos
(Salmo 31:15).

¿Lucha usted con Dios por algo que quiere deses-
peradamente ver resuelto? La necesidad es urgente,
el tiempo es corto, sus oraciones son fervorosas.
Sin embargo, Él aparenta no responderlas. A veces,
parece haber una relación casi inversa entre la
magnitud de nuestro problema y la claridad de la
respuesta de Dios. Cuanto más queremos saber
que hará, menos parece Él revelar una solución.

Después de haber experimentado largos perío-
dos de espera en mi vida, he comprendido una
importante verdad bíblica que nos librará de mucha
opresión, y que desencadenará el poder de Dios a

favor nuestro. Es el principio de la renuncia.

Esperar el momento perfecto de Dios es una de las lecciones más provechosas que he aprendido en mi vida. Muchas veces he hecho peticiones a Dios, y la respuesta que he recibido es un virtual silencio. A veces, la espera de una respuesta a mis oraciones pareció ser eterna. Pero, no importa cuanto esperé, al final Él siempre vino en mi ayuda.

Renunciar es una de las cosas más difíciles a las cuales son llamados los creyentes. Esto es especialmente cierto cuando hay algo que queremos, y que pareciera que Dios está a punto de bendecirnos con el deseo de nuestro corazón.

Con renunciar, no quiero decir resignación o pasividad. No estoy recomendando una mentalidad de inacción. Lo que quiero decir es que nos despojemos de un espíritu exigente, que aquietemos la lucha interior, y que tengamos una absoluta disposición a conformarnos con lo que Dios nos dé.

El propio Cristo es nuestro ejemplo, cuando Él habla apasionadamente con el Padre en cuanto a Su muerte. "Padre mío, si es posible, pasa de mí esta

copa; pero no sea como yo quiero, sino como tú"
(Mateo 26:39). Puesto que la misión de redención
de Jesús no estaba completa sin la cruz, tuvo que
rendir Sus deseos al Padre: "No se haga mi voluntad, sino la tuya" (Lucas 22:42). Fue una oración
de renuncia, a la cual llegó sólo después de una
oración intensa. Cuando Jesús -como siempre- dijo
sí al Padre, las cadenas de pecado de Satanás sobre
la humanidad fueron destruidas. El poder que fluyó
del Calvario es el corazón de la fe cristiana.

Cuando nos sometemos al plan del Padre
celestial –cualquiera que éste sea– liberamos un
poder increíble dentro de nuestras vidas y dentro
de las vidas de quienes nos rodean. El dejar a Dios
un asunto dificultoso, significa que ponemos el
dilema en las manos de nuestro Señor, cuya bondad, sabiduría y poder nunca fallan.

Al hacerlo, le confiamos a Él todo el resultado. Y
cualquiera que sea la respuesta, sabemos que es para
nuestro bien. "Porque yo sé muy bien los planes que
tengo para ustedes –afirma el SEÑOR– a fin de darles
un futuro y una esperanza" (Jeremías 29:11 NVI).

ORACIÓN

Querido Padre celestial, confieso que mis pensamientos están a veces equivocados en cuanto a los Tuyos. Ahora mismo quiero entregarte mis circunstancias a Ti. Con manos abiertas, las coloco delante de Ti, sin quedarme con ninguna parte de ellas. Por fe, te confío totalmente mis necesidades. Amén.

NOTAS DIARIAS

_____

_____

_____

_____

_____

_____

_____

_____

_____

_____

_____

Ninguna queja

Estando persuadido de esto,
que el que comenzó en vosotros la buena obra,
la perfeccionará hasta el día de Jesucristo
(Filipenses 1:6)

Los recuerdos más queridos de mi niñez, son los que tengo de mi madre. Mi padre murió cuando yo tenía nueve meses de vida, y mi madre crió sola a sus dos hijos por muchos años. Trabajaba en el turno de la tarde en una fábrica textil, y llegaba tarde a casa cada noche. No teníamos bienes materiales, y nos mudábamos con frecuencia, al punto de que vivimos en diecisiete casas en un período de dieciséis años.

Pero mi madre rara vez se quejaba. Siempre expresaba la confianza de que Dios supliría nuestras necesidades, y adonde iba siempre repartía alegría. Su entusiasmo y su fe eran contagiosos.

Siempre pienso en ella cada vez que leo el bello versículo de la Biblia que se encuentra en el segundo capítulo de Filipenses: "Háganlo todo sin quejas ni contiendas" (Filipenses 2:14).

Con seis cortas palabras, Pablo revela el estilo de vida que aleja la amargura, los sentimientos de pesar y el enojo, y siembra el amor. Honestamente, a veces no entiendo cómo obedecer ese mandamiento cuando enfrentamos situaciones que parecen mostrar lo peor de nosotros.

Pero, cuando pienso en mi madre y en las numerosas situaciones difíciles que enfrentó sin quejarse, entiendo su secreto para tener un corazón contento y agradecido. En realidad, no es un secreto; es un principio que todo creyente puede practicar con éxito.

El versículo que viene antes del mandamiento de Pablo acerca de enfrentar la vida con un espíritu amable, dice: "Porque Dios es el que en vosotros produce así el querer como el hacer, por su buena voluntad" (Filipenses 2:13).

Jamás debemos olvidar la tremenda verdad de

que Dios está constante y positivamente en acción
en cada detalle de nuestra vida. Él nunca es limitado
por las circunstancias, ni se queda perplejo ante
nuestros problemas. El Señor está moviéndose
activamente en nuestro ser interno para hacernos
semejantes a la imagen de Cristo, y está encauzan-
do soberanamente todas las cosas para nuestro bien
y para Su gloria.

Podemos sinceramente dar gracias en todo
(1 Tesalonicenses 5:16), porque Dios está en acción
en todas las cosas. ¿Por qué quejarnos si Dios tiene
el control y está logrando Sus propósitos? Estoy
convencido de que mi madre se ocupaba de sus
responsabilidades con un corazón agradecido,
porque entendía este principio.

¿Ve a Dios en acción en su vida? Si es así, cada
tarea del día –ya sea grande o pequeña— muestra
Su huella. No se deje llevar por un espíritu de
insatisfacción, porque hacer eso es quejarse contra
Dios (Éxodo 16:8). Un espíritu agradecido siembra
la paz y la salud. Reconoce el amor de Dios y afirma
su fe en Él. Es un convincente testimonio a los

demás que el Dios a quien usted sirve es poderoso,
muy sabio y le ama.

ORACIÓN

Señor, perdóname por murmurar y quejarme
por tantas cosas. Hay mucho por lo cual debo
estar agradecido. Sé que un corazón agradecido
siembra la paz, y eso es lo que yo quiero.
Cambia Señor, mi espíritu de crítica por uno
de agradecimiento. Amén.

NOTAS DIARIAS

_____
_____
_____
_____
_____
_____
_____
_____

Andar en amor

*Por tanto, de la manera que habéis recibido
al Señor Jesucristo, andad en él.*

(Colosenses 2:6)

La Biblia habla con frecuencia del "andar cristiano"
como una descripción de la conducta del creyente.
Por ejemplo, se nos dice que debemos andar como
hijos de luz, andar en la verdad, conforme al
Espíritu, y andar en amor. Colosenses 2:6 utiliza
esta expresión para darnos un importante mandamiento: "Por tanto, de la manera que habéis
recibido al Señor Jesucristo, andad en él". La pregunta que debemos hacernos es: ¿Qué significa
"andar en Cristo"?

Aquí, la palabra *en* no tiene un uso literal,
como decir, "el martillo está en la caja de las he-

rramientas". Más bien, se refiere a una relación vital –a una unión entre el creyente y el Señor. Así como una boda marca el comienzo de una nueva relación para un hombre y una mujer, recibir a Cristo como Salvador da inicio a una relación íntima entre el Señor y Su seguidor. Lo que Dios desea no es simplemente perdonar pecados, sino desarrollar una relación personal cada vez más profunda con todos Sus hijos. Él quiere que entendamos que el Hijo de Dios es la fuente de todas las cosas –Jesucristo es para el creyente lo que la sangre es para ser humano: indispensable para la vida.

Por tanto, "andar en Cristo" se refiere a una relación dinámica con el Señor. Así como no es posible caminar mientras uno permanece inmóvil, los creyentes, o avanzan en su vida cristiana, o retroceden. El secreto para avanzar se encuentra en ese mismo versículo de Colosenses: "De la manera que habéis recibido al Señor Jesucristo, andad en él". ¿Cómo recibió usted a Cristo? Por fe. Para poder nacer de nuevo, confiamos en el testimonio de la Palabra de Dios. La vida cristiana debe ser "andada" –o vivida– de la misma manera.

La mayoría de las personas son guiadas por sus sentidos naturales, pero eso en la mayoría de los casos no sirve de nada, ya que, desde nuestro punto de vista humano, no somos capaces de ver todo el panorama. Por el contrario, nuestro Padre celestial quiere que confiemos en Él cada día en todas nuestras necesidades. Por eso es que los seguidores de Jesucristo deben "andar por fe, no por vista" (2 Corintios 5:17). Debemos dar el primer paso por fe, y luego otro, sin saber exactamente donde nos llevará, pero con la confianza de que nuestro omnisciente y amoroso Dios quiere lo mejor para nosotros. Andar en fe significa tener una relación personal con Jesucristo, cuyo resultado es la confianza en Él en todas las circunstancias de la vida. Si tenemos firmemente esa clase de confianza en el Señor, creemos que Él hará lo adecuado, y siempre –sin excepción– hará lo que sea mejor para nosotros.

ORACIÓN

Querido Padre celestial, es difícil tener confianza cuando las dificultades de la vida son tantas. Pero sé que si confío en Ti, no sólo veré la victoria sobre la adversidad, sino que también estaré más cerca de Ti. Por favor, ayúdame a confiar más en Ti y, al hacerlo, conocerte más. Amén.

NOTAS DIARIAS

_____

_____

_____

_____

_____

_____

_____

_____

_____

_____

_____

La primera promesa de amor

Pero tengo contra ti, que has dejado
tu primer amor (Apocalipsis 2:4).

¿Es su relación con Cristo su primera prioridad? ¿Se ha obsesionado tanto por servirle con todo el ceremonial de la religión cristiana y, no tiene tiempo para la consagración o para un compañerismo personal con Él?

Si se ha estancado en su compañerismo con Cristo, considere estas preguntas: ¿Es Jesús todavía "su primer amor"? ¿Le emociona pasar tiempo con el Señor? ¿Le resulta placentero el tiempo que invierte leyendo la Biblia? ¿Es importante para usted hablar del Salvador a los demás? ¿Da de mala ganas a Dios el diezmo de sus ingresos? Sus respuestas a estas preguntas revelan acerca de la calidad de su relación con Jesús. Reconocer a Jesús como su primer amor, significa que se siente cada vez más emocionado por Su persona, Su voluntad y Su Palabra.

La actividad, aunque es fundamental para una fe práctica, no puede tomar el lugar del compañerismo personal. Nunca puede ser más importante que la intimidad con Dios. Es posible, ocuparse tanto de "servir a Dios", que quitemos del Mesías nuestro interés y lo pongamos en otras cosas –y eso es el comienzo de la idolatría.

Los dioses de estos tiempos –el trabajo, el dinero, el sexo– aunque no son malos en sí mismos, pueden convertirse en substitutos de nuestra devoción a Dios. Si algo le distrae de su compañerismo con Cristo, eso puede pronto convertirse en un ídolo

¿Cómo recuperar ese primer amor? Recuerde lo que Cristo hizo por usted cuando fue salvo: la transformación sobrenatural que le hizo pasar de muerte a vida, de las tinieblas a la luz, del dominio del pecado al reino de Cristo. Arrepiéntase de lo que haya debilitado su amor por Jesús. Apártese de lo que le distrae. Invierta tiempo en la oración, y estudie con el propósito de encontrar a Dios -escuchando, adorando y obedeciendo.

Cuando yo era un joven creyente, leí los escritos de Oswald Chambers, quien puso su relación con Cristo por encima de todo lo demás. En su libro, *The Moral Foundations of Life (Los cimientos morales de la vida)*, Chambers escribió: "Nunca permita que nada importune su relación con Jesucristo: ni el trabajo cristiano, ni la bendición cristiana, ni nada cristiano. Jesucristo es primero, segundo y tercero, y Dios mismo, por el maravilloso poder del Espíritu Santo que mora en usted, se ocupará del agotador esfuerzo de su parte, y positivamente usted modelará la mente de Cristo y se convertirá en uno con Él, así como Él fue uno con el Padre".

ORACIÓN

Querido Señor, es fácil no apreciar Tu amor, estar tan ocupados con las cosas de la vida diaria, que pasamos cada vez menos tiempo contigo. Pero nuestro compañerismo contigo es el tiempo más importante de cada día. Por favor, ayúdame a ponerte en el primer lugar de mi vida, y a cuidar de mi sagrado tiempo contigo. Amén.

NOTAS DIARIAS

_____

_____

_____

_____

_____

_____

_____

_____

_____

_____

Una palabra de aliento

[Pablo] recorrió aquellas regiones,
alentando a los creyentes
(Hechos 20:2 NVI).

¿Alguna vez ha sido sanado o inspirado por las palabras de aliento de un buen amigo? Todavía puedo recordar la vez que me sucedió, cuando tenía apenas seis años de edad. Ese día memorable, al salir de mi sala de clases, escuché que mi maestra le decía a otra: "Quiero a Charles" Era la primera vez que una persona, aparte de mamá, decía que me quería. Eso me conmovió. Sus tres sencillas palabras fueron un incentivo emocional que aumentó mi confianza, y que incluso cambió la manera como me veía a mí mismo.

¿Ha pensado alguna vez en la influencia que tienen sus palabras? ¿Sabe qué impacto puede tener lo que usted diga, sobre una persona que necesita con desesperación escuchar una palabra de aliento? Salomón escribió: "Panal de miel son los dichos suaves; suavidad al alma y medicina para los huesos" (Proverbios 16:24). ¡Qué manera tan estupenda de referirse a nuestra conversación! Ella puede ser medicina para un alma agobiada, y sanidad para un espíritu herido. Las palabras afectuosas, dichas en el momento adecuado, son los puentes del amor de Dios.

Si ha sido receptor de palabras afables, sabe el poder que tienen las palabras bien escogidas. Tal vez un entrenador se fijó en usted en una práctica y comentó lo bien que lo había hecho. O quizás un compañero de trabajo alabó su trabajo y su actitud en una tarea difícil. Pablo se refiere a esas palabras como "con gracia, sazonada con sal" (Colosenses 4:6). Nuestros comentarios, dice él, deben de estar condimentados con bondad y gentileza, ingredientes clave de una conversación llena de misericordia.

El amor de Cristo puede transformar nuestras palabras, si permitimos que Él obre en nuestra vida. Si sus palabras reflejan el amor y la compasión del Señor, verá un profundo cambio en sus relaciones.

Pídale a Dios que le haga consciente de las necesidades de los demás. Cuando estamos absorbidos en nuestros problemas, las palabras de halago rara vez adornan nuestra conversación. Pero cuando nuestro enfoque está en la edificación, no en la condenación, nuestras palabras son utilizadas para "la necesaria edificación y son de bendición para quienes escuchan" (Efesios 4:29 NVI).

ORACIÓN

Padre celestial, habla a través de mí palabras de aliento. Ayúdame a quitar mi atención de mis propios problemas, y a hacerme sensible a las necesidades de los demás. Amén.

NOTAS DIARIAS

Nuestro privilegio más grande

El Señor encamine vuestros corazones
al amor de Dios (2 Tesalonicenses 3:5).

De todas las personas que ha conocido, ¿por quiénes se considera más privilegiado de conocer? ¿Por un deportista o un artista talentoso? Quizás sea un admirado colega de trabajo, unos abuelos preciosos, o un amigo piadoso. Por más especiales que puedan ser esas personas, nuestro privilegio supremo es conocer a Dios.

Una relación personal con el Soberano Señor del Universo es una oportunidad sin par y un tesoro eterno. No existe nada más de la experiencia humana que pueda proporcionar paz duradera, gozo, satisfacción o seguridad. Nada más puede ofrecer vida eterna.

El apóstol Pablo reconoció que aun los logros más meritorios son insignificantes en comparación con la "excelencia del conocimiento de Cristo" (Filipenses 3:7, 8). Su ardiente deseo era conocer al Dios que había transformado su ser. En cambio, muchas personas viven la vida sin conocerlo jamás. Llegan al final de sus días como unos incrédulos, sin haber descubierto el propósito para el que fueron creados, y sin haber aprovechado las bendiciones que Dios les tenía reservadas. ¡Esto es una gran tragedia!

¿Por qué la gente no es capaz de conocer a su Creador? Muchas personas viven en tinieblas, sin percatarse de que hay un solo Dios verdadero a quién el Señor Jesucristo vino a revelar. Quizás nunca les fueron presentadas las verdades cristianas, lo cual, lamentablemente, es común aun dentro de las paredes de muchas iglesias.

Otra razón es la falta de interés en Dios. Con los teléfonos celulares, la radio, la televisión y las computadoras, estamos abrumados de información, pero no somos más sabios de lo que éramos sin ellos. Por creer que el acceso a la información es igual a tener conocimiento, sustituimos la verdadera sabiduría por la trivialidad. Aunque las paredes de su casa estén cubiertas de diplomas, si no conoce a Jesucristo como su Salvador personal, es ignorante de lo más importante de la vida –no puede conocer a Dios si no conoce a Cristo– (Juan 14.7).

El conocer a Dios tiene un costo, y algunas personas no están dispuestas a pagar el precio. Después de que son salvas se sienten satisfechas -no están interesadas en invertir tiempo en la Biblia y la oración para conocer al Padre celestial más profundamente. Para que una relación crezca, tenemos que invertir tiempo comunicándonos, escuchando y conociendo más de la otra persona.

¿Quiere, en verdad, conocer a Dios? La manera es conociendo a Cristo: recíbale como su Salvador, quien pagó íntegramente su deuda de pecado. Acepte Su invitación a pasar tiempo en conversación privada con Él –pues el Señor quiere toda su atención por un poco de tiempo.

ORACIÓN

Señor, yo te amo de verdad. Es posible que no sepa exactamente cómo expresar mi amor, pero sé que puedo contar contigo para que me enseñes por medio de Tu Palabra. Te pido, Señor, que me invistas de poder sobrenatural para amar a las demás personas como Cristo las ama. Preserva mis intenciones, para que ellas no sean mal interpretadas. Y que los demás vean a Jesús, no a mí. Amén.

NOTAS DIARIAS

_____

_____

_____

_____

_____

_____

_____

_____

_____

Amor en acción

Amemos... de hecho y en verdad

(1 Juan 3:18).

Él era mi maestro de la Escuela Dominical, y era un buen maestro. Pero lo recuerdo por algo más. Craig Stowe me paraba en la calle cuando yo repartía los periódicos, y me compraba uno. Pasaba cinco o diez minutos conversando conmigo, preguntándome sobre mi familia, el colegio y cosas que le interesan a un muchacho. Pero no era solamente eso, sino que siempre me daba más de lo que costaba el periódico. Al poco tiempo supe que Craig Stowe no necesitaba comprarme un periódico -porque él ya lo recibía en su casa.

Lo que ese hombre hizo semana tras semana

durante años, me demostró el amor de Dios por mí.
Se esforzaba por mostrar que él no era simplemente
mi maestro de la Escuela Dominical. Se involucró
en mi vida de una manera tangible, y nunca me
olvidaré de él.

Las palabras bondadosas son importantes, pero
los hechos bondadosos muestran el amor de Cristo
de una manera tangible. Jesús no se limitó a decir
que nos amaba; Él demostró Su amor muriendo por
nuestro pecado (Romanos 5:8). A sólo pocas horas
de su muerte, Jesús dijo a Sus discípulos que el
mundo sabría que eran Sus seguidores por el amor
que se tendrían unos a otros (Juan 13:35). Quería
decir que debían vivir de una manera que expresara
el amor de Dios.

Bernabé alentó a un joven desanimado llamado
Marcos, quien más tarde escribió uno de los
Evangelios. María y Marta mostraron su amor por
Cristo invitándolo a comer y a descansar en su casa
de Betania. Pablo le recordó a Tito que la muerte
de Cristo no sólo nos salvó del pecado, sino que
además debe motivarnos a ser "celosos de buenas

obras" (Tito 2:14). Fuimos "creados en Cristo Jesús para buenas obras" (Efesios 2:10).

Al hacer bien a los demás, podemos proclamar el evangelio sin decir una palabra: haciendo un pastel para una madre ocupada, cortando el césped del patio de un vecino anciano, tomando un café con ese compañero de trabajo que se siente frustrado, ayudando al nuevo vecino a desempacar las cajas que todavía tiene en su garaje, o escribiendo una nota de ánimo a alguien que está luchando por adaptarse a un nuevo ambiente.

El compartir el amor de Dios, encarna la compasión de Cristo, y dice: "Yo amo", con una voz más alta que lo que pueden hacer las palabras. Lo único que se necesita es un espíritu dispuesto a ayudar a otro creyente. Nada, sino el bien, surge de hacer el bien.

ORACIÓN

Señor, últimamente he sido un poco egoísta con mi tiempo libre. Me preocupo tanto por mis pro-

pios problema, que olvido que los demás tam-
bién tienen necesidades. Muéstrame cómo puedo
demostrar Tu preocupación por las personas que
están a mi alrededor. Gracias por las veces que
otras personas se han esforzado por mostrarme
especial atención. Sus acciones han sido una
ayuda para mí cuando me he sentido decaído.

NOTAS DIARIAS

Cuando alabamos

Alabaré tu nombre por tu misericordia
y tu fidelidad (Salmo 138:2).

Cuanto más ame usted a Dios, más lo adorará.
El amor y la alabanza están unidos. El cielo es un
lugar donde los que aman a Dios viven en constante alabanza de Él. ¿Debe, su experiencia presente ser diferente?

Alabamos a Dios por lo que Él ha hecho.
"Alabadle por sus proezas", escribe el salmista en el
salmo 150:2. Sus "proezas" son los hechos extraor-
dinarios registrados en la Biblia -la creación, los
milagros, la cruz, la resurrección. También, las
admirables demostraciones de Su amor personal por
usted. ¿Por qué no poner por escrito las maneras

como Dios ha demostrado Su poder en su vida?
Piense en Su guía, en Su provisión, en Su protección y en las otras numerosas maneras como Él ha
dado respuesta a sus necesidades. Un diario que
registre la obra de Dios en su vida, es una formida-
ble herramienta para la alabanza gozosa.

Alabamos a Dios por "la muchedumbre de su
grandeza" (Salmo 150:2). Ésta es una alabanza
pura, de reverente adoración a Dios por lo que Él
es. El Señor es fiel, benigno, justo, santo, paciente
y generoso. Dios actúa con grandeza porque Él es
un Dios grande. Su carácter y Sus atributos deben
subyugarnos, y nuestra respuesta debe ser una
extática gratitud. Piense en esto: usted tiene la
oportunidad de adorar a un Dios personal y perfecto, que se interesa grandemente por usted y
por lo que hace.

La alabanza exalta a Dios y pone a los problemas en perspectiva. ¿Qué obstáculo es demasiado
grande para Dios? ¿Qué circunstancia es demasiado
difícil para Él? Muchas veces he venido a Dios con
una carga preocupante, sólo para descubrir que me

es quitada después de un período de adoración
y alabanza.

La alabanza revela nuestra devoción a Cristo. El
profeta Habacuc escribió que él alabaría a Dios aun
en las peores circunstancias, "aunque falte el producto del olivo, y los labrados no den mantenimiento, y las ovejas sean quitadas de la majada, y no haya
vacas en los corrales" (Habacuc 3:17). Aunque se
encuentre en la peor de las situaciones, Dios sigue
mereciendo su alabanza. Puedo decirle, por mi
propia experiencia personal, que la alabanza es el
único factor que le librará del foso de la depresión y
del desánimo.

Exprese su amor por Cristo haciendo de la alabanza una prioridad. Entre a Su presencia con un
corazón agradecido antes de presentarle su petición,
y decida alabarle aún en los tiempos difíciles.

ORACIÓN

Padre celestial, quiero alabarte de verdad. No
quiero estar pensando todo el tiempo en mis
problemas y necesidades, sino sólo en todo lo que

Tú has hecho por mí. Tu Palabra me dice que desde el mismo comienzo del tiempo, Tú tenías un plan para mi vida, deseando que yo aceptara a Tu Hijo como mi Salvador. Tú has cuidado de mí, y has dirigido mi vida para mi bien y para Tu gloria. Gracias por todo lo que has hecho por mí. Amén.

NOTAS DIARIAS

El amor es más que un sentimiento

Nadie las arrebatará de mi mano

(Juan 10:28).

Sir Winston Churchill dijo que era peligroso "estar uno tomándose el pulso y la temperatura todo el tiempo". Sus palabras estaban dirigidas a aquellos que observaban la cambiante suerte de los combates, para determinar el éxito o el fracaso de Inglaterra en la Segunda Guerra Mundial.

Sus palabras son aplicables al cristiano que siempre está evaluando su relación con Cristo por medio de sus sentimientos. Las emociones son barómetros poco confiables, y si sujeta su fe a ellas, terminará, extraviado. Es cierto que debemos amar a Dios y hacer las cosas que le agradan, tales como leer Su Palabra, invertir tiempo en la oración, y unirse a un cuerpo de creyentes. Pero hay momentos cuando la Biblia nos parece fría, nuestras oraciones son apáticas, y nuestra responsabilidad con la iglesia, incierta; si permitimos que nuestros sentimientos gobiernen nuestro compañerismo con Cristo, caeremos en sentimientos de culpa y de condenación.

La Biblia nos dice que debemos amar al Señor con todo nuestro corazón, con toda nuestra alma, y con toda nuestra mente (cf. Lucas 10:27). Hacemos esto, no generando un entusiasmo artificial por Él, sino cuando comprendemos la increíble profundidad de Su amor por nosotros. La prescripción ideal para tener una vida de fe firme y continua, es centrar nuestra mirada en Dios, no en nosotros mismos. Su amor es fijo e inmutable para siempre.

Piense en esta ilustración: Imagine que la mano de Dios y la suya están tomadas, pero la suya se afloja de la de Él en un tiempo de tentación, pecado, duda o apatía. Sus sentimientos de amor hacia

Dios son mínimos, pero en vez de concentrarse en su mano, mira la mano de Dios. Su agarre de amor es firme. Él no le soltará. "Tu diestra me ha sostenido", declaró David desde los desiertos de Judá (Salmo 63:8). "Porque yo Jehová soy tu Dios, quien te sostiene de tu mano derecha", le dijo Dios a un pueblo temeroso (Isaías 41:13).

Usted está seguro eternamente en el amor de Dios. Ha sido sellado por el Espíritu Santo, y el Cielo le aguarda. En vista de esto, puede dejar de ejercer una fe centrada en usted mismo. Nunca mida la profundidad de su amor por Cristo por los sentimientos cambiantes, y en vez de eso mídala por el inquebrantable amor de Dios.

ORACIÓN

Padre celestial, puedo ser influenciado muy fácilmente por mis sentimientos, y los resultados de mis acciones pueden ser desastrosos. Fortalece mi fe en Ti. El deseo de mi corazón es asirme de Tu mano firmemente en todo momento.

Enséñame a vencer los sentimientos que dañan
mi fe. Gracias, Padre, por Tu amor inmutable.

NOTAS DIARIAS

El amor verdadero da

Porque Dios ama al dador alegre
(2 Corintios 9:7).

Cuando pienso en un sinónimo bíblico para amor, me viene a la mente el uso de la palabra dar. "Porque tanto amó Dios al mundo, que dio a su Hijo unigénito..." (Juan 3:16 NVI). "Vivo por la fe en el Hijo de Dios, quien me amó y dio su vida por mí" (Gálatas 2:20 NVI).

Dios nos da el regalo de la salvación y el Espíritu Santo. Él da paz, fortaleza y sabiduría a los que se las piden.

Es imposible amar a alguien y no dar. Nosotros ofrecemos nuestro afecto a familiares y amigos dando de varias formas. Demostramos nuestra con-

sagración a Cristo y a los demás dando nuestro
tiempo, nuestros recursos y nuestras energías. La
generosidad es una característica verdadera del cris-
tianismo genuino. Proverbios 11:25 nos dice: "El
alma generosa será prosperada; y el que saciare, él
también será saciado". Dar es el canal a través del
cual fluye el amor de Dios.

Es posible que piense que tiene muy poco para
dar, pero cualquiera que sea su situación económica
o física, siempre hay algo que puede ofrecer a otros.
Si espera tener un sobrante para dar, nunca comenzará a hacerlo. La persona que es generosa demues-
tra el amor de Dios dando aun las cosas pequeñas,
un oído interesado, una propina al muchacho del
supermercado, un regalo hecho a mano en Navidad.

¿Ha notado que la gente es atraída a una persona generosa, no para que ésta les dé algo, sino por
la agradable atmósfera espiritual que la rodea? Una
persona generosa es sensible a las necesidades de los
demás y da de corazón, no con el propósito de
recibir algo a cambio. Le produce gozo ver a otros
disfrutar de su benevolencia. Ve las necesidades

como una oportunidad. Quiere ver lo mucho que puede dar, no lo poco. Y confía en que Dios suplirá sus necesidades.

¿Por qué es tan importante dar? Porque es el remedio contra la codicia. Dios bendice la generosidad y maldice la codicia. Dar es el antídoto contra el egoísmo, un estilo de vida que no refleja la semejanza a Cristo. La generosidad abre el corazón, tanto del dador como del receptor, al amor de Cristo. Ambos llegan a ser espiritualmente prósperos al practicar el importante principio del dar.

Si usted es reacio a dar, mezquino con sus recursos, y está aislado de las necesidades de los demás, se está perdiendo de las fantásticas bendiciones de su generoso Padre celestial: "Dad, y se os dará", prometió Jesús (Lucas 6:38). Tal es el poder de la generosidad.

ORACIÓN

Querido Jesús, el dar cualquier cantidad o cualquier cosa en ese momento parece ser un sacrificio. Pero yo he leído Tus palabras y escuchado los testimonios de otros que revelan las bendiciones que hay en dar con sinceridad. Muéstrame hoy la manera como puedo dar de mí mismo para ayudar a otro, y para glorificarte a Ti.

NOTAS DIARIAS

_____

_____

_____

_____

_____

_____

_____

_____

_____

_____

_____

_____

_____

_____

Dispuesto a decir sí

El amor de Cristo nos constriñe
(2 Corintios 5:14).

Las sencillas demandas del Señor son peldaños que nos conducen a las bendiciones más maravillosas de la vida. Simón Pedro es una buena ilustración de lo que sucede cuando le decimos sí a Dios. En Lucas 5:1-11, la gente se amontonaba alrededor de Jesús cuando éste estaba predicando. El Señor quiso utilizar la barca de Pedro como una plataforma flotante para dirigirse a la multitud que estaba en la playa, y le pidió al futuro apóstol que la apartara un poco (v. 3). Ésta, no era una petición importante, pero el consentimiento de Pedro preparó el camino para múltiples bendiciones. Por su ejemplo aprendemos lo fundamental que es obedecer a Dios, aun en las cosas más pequeñas.

La muchedumbre fue bendecida de inmediato por la obediencia de Pedro; ahora podían escuchar las palabras de Jesús mientras éste enseñaba. Después de terminar Su enseñanza, el Señor dijo a Pedro: "Boga mar adentro, y echad vuestras redes para pescar" (v. 4). Aquí había otra oportunidad para decir sí o no, y Pedro debió de haberse sentido a no hacerlo. Después de todo, él había trabajado toda la noche con la esperanza de pescar algo, pero había regresado con las manos vacías. ¡Ahora Jesús le decía que saliera a pescar de nuevo! Pero notemos lo que sucedió como resultado de la obediencia de Pedro: aquel día, que él y sus compañeros habían dado como perdido, sacaron, no una, sino dos barcadas rebosantes de peces (v. 7). El decir sí a la petición del Señor resultó en un milagro que transformó la vida del pescador.

La obediencia es fundamental para una vida cristiana victoriosa, y el obedecer a Dios en las cosas pequeñas es un paso esencial para recibir Sus bendiciones más grandes. Suponga que Pedro hubiera respondido: "Estoy ocupado limpiando las redes. No puedo ayudarte porque voy a salir a pescar de nuevo, o simplemente no tengo tiempo". O pudo haber dicho: "¿Por qué no pides que te dejen utilizar esa otra barca?", O, "Ya estuve pescando hoy. Sería una pérdida de tiempo volver a salir". Si Pedro hubiese dicho cualquier cosa que no fuera sí, no habría experimentado la experiencia de pesca más grande de su vida. Pero, gracias a la obediencia de Pedro, el Señor hizo un milagro que él jamás olvidaría.

Muchas veces, las más grandes bendiciones de Dios vienen como resultado de nuestra disposición a hacer algo que parece ser muy insignificante. ¿Le ha estado retando Dios a hacer algo aparentemente insignificante, que todavía no ha hecho el esfuerzo por realizar? ¿Hay algo que ha justificado diciendo: "Es que es demasiado difícil", "No quiero hacerlo", o "Tengo que orar por eso"? Obedezca hoy a Dios, y reciba Su abundante bendición.

ORACIÓN

Querido Dios, es fácil servirte por un sentimiento de deber antes que de amor. Te amo, Señor, porque Tú me amaste primero. Quiero servirte, no por temor sino por amor y devoción. Ayúdame a discernir la diferencia para poder ser utilizado efectivamente por Ti.

NOTAS DIARIAS

El amor de nuestro Padre celestial

Porque grande es tu amor por mí
(Salmo 86:13 NVI).

Cuando usted ora, ¿con qué nombre se dirige a Dios? Aunque todos los excelentes títulos que le hemos dado son correctos, como cristianos tenemos el maravilloso privilegio de llamar "Padre" a Dios. Pero también podemos *conocerlo* de esa manera.

La posibilidad de tener una relación así con Dios, fue una idea revolucionaria en el primer siglo (Mateo 6:9). El Antiguo Testamento contiene apenas quince referencias a Dios como "Padre", y éstas se refieren a Él como el padre del pueblo hebreo; la idea del Señor como un Dios personal de las personas, no es evidente sino hasta el Nuevo Testamento. Sin embargo, ésa fue la razón por la que Jesucristo vino a la tierra -para morir en la cruz por nuestros pecados y revelar al Padre celestial, para que usted y yo pudiéramos conocerlo a Él más íntimamente.

"Padre", que aparece 245 veces en el Nuevo Testamento, fue la palabra favorita de Jesús para referirse a Dios; la mencionó catorce veces sólo en el Sermón del monte, y utilizó este nombre para comenzar a orar (Mateo 5-7). El propósito de Dios era revelar que Dios no es solo una fuerza trascendente del universo, sino más bien un Padre celestial amoroso y personal que está profundamente interesado en los detalles de nuestra vida.

Muchas personas, incluso los creyentes, no piensan que Dios sea un padre tan cercano, especialmente si se hallan viviendo en desobediencia. Pero la Escritura se refiere una y otra vez a Él como "Padre". Las cartas de Pablo, comienzan de esa manera, y el apóstol describe a los creyentes como una familia de Dios –los llama hijos de Dios y coherederos con Su Hijo Jesucristo (Romanos 8:17).

El privilegio de conocer a Dios como Padre implica más que conocerlo como una persona o un espíritu; va más allá de la simple familiaridad, por Su gracia, amor y bondad incomparables, e incluso supera el conocerlo en Su santidad, equidad y justicia. ¡Qué maravilloso es que nosotros, podemos conocerlo personalmente como nuestro mismísimo padre celestial! Al dirigirse a Él como "Padre", Jesús reveló Su intención de que comprendiéramos lo que los santos del Antiguo Testamento no pudieron entender: que tenemos la bendición de un parentesco con el Dios vivo del universo. Es a través de la persona de Jesucristo que conocemos a Dios de esta manera.

¿Conoce a Dios como su Padre celestial? Si no lo conoce, sepa que Él está listo para adoptarle en Su familia (Romanos 8:15; Gálatas 3:26). Lo único que tiene que hacer, es confiar en Su Hijo Jesucristo como su Salvador personal. Como dice Juan 1:12: "A todos los que le recibieron, a los que creen en su nombre, les dio potestad de ser hechos hijos de Dios".

ORACIÓN

Amado Jesús, qué bueno es saber que tengo un amigo íntimo como Tú. Gracias a Tu omnipotencia, puedo confiar en que me guiarás a través de las sendas tenebrosas de la vida. Sé que Tú siempre estarás a mi lado. Gracias, querido Amigo.

NOTAS DIARIAS

El compromiso del amor

En el amor no hay temor, sino que
el perfecto amor echa fuera el temor
(1 Juan 4:18).

Una de las cosas que más desean las personas es ser aceptadas, y harán lo que sea necesario para ganarse la aprobación de los demás. El resultado nos deja luchando una dura batalla contra la soledad y el temor -el temor de que nadie nos amará, y la soledad del aislamiento que se origina por esforzarnos buscando algo para lo cual nunca fuimos creados.

Cuando luchamos por ganarnos la aprobación de los demás, desdeñamos la aceptación incondicional de Dios. Esencialmente, lo que le decimos es que Su amor no es suficientemente bueno, y que necesitamos primero el aprecio de los demás. Jesús dijo a Sus discípulos que buscaran primero el reino de Dios, y todas sus necesidades serían satisfechas (Mateo 6:33).

Cuando el interés de nuestro corazón está puesto decididamente en Dios, toda necesidad, todo deseo que podamos tener, es satisfecho. El resultado de una correcta relación con Dios es una paz permanente que proviene de Su presencia dentro de nosotros a través del poder del Espíritu Santo. Dios le ama a usted a pesar de los golpes, las magulladuras y las cicatrices emocionales que haya acumulado a través de los años. A Dios le importa cuando usted sufre y cuando está desanimado. Él es su amigo eterno. Sólo Dios tiene puede mostrarle ese amor y esa aceptación increíbles.

Jesús se preocupó mucho por asegurar a Sus discípulos que su muerte inevitable no era el fin de la presencia de Dios en la tierra. Un consolador, uno que poseía las mismas características que Él, vendría. Jesús dijo: "Yo rogaré al Padre, y os dará otro Consolador... el Espíritu de verdad, al cual el mundo no puede recibir, porque no le ve, ni le conoce; pero vosotros le conocéis, porque mora con vosotros, y estará en vosotros. No os dejaré huérfanos; vendré a vosotros" (Juan 14:16-18).

Jesús hizo un compromiso eterno con nosotros cuando vino a la tierra. Para que nosotros podamos entender la plenitud del compañerismo con Dios, tenemos también que hacer un compromiso con Él.

La esencia de la vida cristiana no consiste en una serie de leyes y normas. Es tener cada momento una relación íntima con el Salvador. No es una cuestión de aceptación humana. Dios nos acepta y eso es todo lo que necesitamos.

La amistad con el Salvador es una revelación continua de Su amor y cuidado personal por cada uno de nosotros. La vida que permanece centrada en Jesucristo es una vida que disfruta de un compañerismo continuo. Es una vida de victoria, de paz, de esperanza, de seguridad y, sobre todo, de amistad.

ORACIÓN

Mi amado Padre Celestial, Tu amor es inter-
minable, y Tu protección está siempre presente.
Ayúdame, por favor, a concentrarme en el
amor de Cristo a lo largo del día de hoy, y que
haga que ese amor se derrame sobre mis otras
relaciones.

NOTAS DIARIAS

Amor con severidad

Yo reprendo y castigo a todos los que amo
(Apocalipsis 3:19).

Para limpiar un objeto de oro se puede usar un paño, pero para quitarle las impurezas que tiene incrustadas, el metal tiene que ser refinado. Tiene que ser derretido por el fuego, de modo que cualquier suciedad o imperfección que surja a la superficie pueda ser quitada.

La vida cristiana se parece mucho a este proceso (Malaquías 3:3). Cuando enfrentamos problemas, Dios nos está refinando como a un metal precioso, ahondando en nuestras vidas para eliminar toda la suciedad y las impurezas. Lo hace, no para lastimarnos, sino para convertirnos en un hermoso reflejo de Su Hijo.

David, por su desobediencia, supo en varias oportunidades lo que era el severo amor de Dios. El salmista aprendió que Dios lo reprendió duramente cuando fue necesario. Pedro sintió la punzada del amor severo cuando negó a Cristo. Pablo habló con dureza de Marcos, después de que este joven discípulo desertó en su primer viaje misionero. Todos descubrimos que Dios toma en serio el asunto de la santidad; y que cuando se requieren acciones severas, Él se endurece.

Es posible que usted le haya impuesto normas estrictas a un hijo testarudo. O que haya tenido que tomar decisiones severas en el trabajo por problemas con empleados. Cualesquiera que sean las circunstancias, a veces hay que expresar el amor con dureza para que sea efectivo.

La disciplina de Dios siempre está motivada por el amor. "Porque el Señor al que ama, disciplina" (Hebreos 12:6). No caiga en la autoconmiseración cuando Dios le corrija. Esto, es un recordatorio de que Él se preocupa por usted lo suficientemente como para evitar que se destruya a sí mismo. Dios sólo disciplina, nunca nos condena.

El contexto de la disciplina de Dios, es una relación de Padre e hijo. Si soportáis la disciplina, Dios os trata como a hijos" (Hebreos 12:7 NVI). Usted no es un extraño para Dios. Es Su hijo y, como tal, experimenta Su disciplina paternal. No confunda, la disciplina de Dios con la indignación, ni sienta que su relación con Él ha cambiado cuando es golpeado por la adversidad. Usted ha sido adoptado dentro de la familia de Dios, y la disciplina le permite gozar plenamente de los beneficios de Su paternidad.

Nunca olvide que "Dios lo hace [nos disciplina] para nuestro bien, a fin de que participemos de su santidad" (Hebreos 12:10 NVI). El dolor del castigo tiene un propósito: conformarnos a la imagen de Jesucristo. No la rechace ni se resienta cuando Dios sea severo con usted. Es una señal de Su amor, y el propósito es quitar los impedimentos y fortalecerle para el recorrido de la vida.

ORACIÓN

Amoroso Padre celestial, las luchas de esta vida son difíciles y duras de entender. Pero sé que cuando soporto cada prueba, Tú estás conmigo en ellas. Además, sé que tienes un propósito en cada dificultad. Por mucho que no me guste ser disciplinado, te doy las gracias por amarme lo suficientemente como para intervenir en mi vida de tal manera. Amén.

NOTAS DIARIAS

_____

_____

_____

_____

_____

_____

_____

_____

_____

_____

_____

Promesas fieles

[Dios] nos ha dado preciosas
y grandísimas promesas
(2 Pedro 1:4).

En un momento crucial de mi vida, cuando la iglesia que pastoreaba enfrentó un enorme problema, Dios fortaleció mi fe con este versículo de la Biblia: "Tú eres el Dios que realiza maravillas; el que despliega su poder entre los pueblos" (Salmo 77:14). Meditaba en ese versículo todos los días, y lo aplicaba al problema que teníamos. No sabía el resultado, pero sí de la promesa. Dios intervino fielmente, y bendijo a la congregación con una respuesta sobrenatural.

Usted, también, puede confiar en las promesas

de la Palabra de Dios. La Biblia es un libro de principios, y de promesas. Está llena de versículos que nos hablan del propósito que Dios tiene de concedernos misericordiosamente sus bienhechores dones. Algunas promesas son condicionales; Dios actuará de cierta manera si usted obedece un cierto mandamiento, como en "Dad, y se os dará" (Lucas 6:38). Pero hay miles de versículos que esperan sólo por una fe lista y un espíritu preparado para que las reclamemos.

Las promesas de la Biblia son afirmaciones del amor de Dios por usted. El Señor ha asumido la responsabilidad de suplir sus necesidades, y nos da promesas como un medio de Su provisión. Usted puede reclamar a Dios los problemas que se aplican a todas sus necesidades. Si la ansiedad le atormenta, Filipenses 4:6, 7 y Salmo 46:10 son respuestas de Dios.

Puede tener la seguridad de que Dios cumplirá todas Sus promesas, pero tiene que tener paciencia. Él actúa de acuerdo con Su programa, no el nuestro. El Señor ve el final desde el comienzo, y sabe cuándo actuar. No se desanime ni se desilusione durante el proceso. Pueden transcurrir días, meses e incluso años, para que la promesa se cumpla, pero Dios cumplirá Su palabra. Siga enfocado en la Palabra de Dios, permitiendo que Él le hable por medio de las Escrituras. Sea obediente en las pruebas que enfrente cada día, rendido y sometido a la voluntad de Dios revelada.

Las promesas de Dios son anclas para su alma. Ellas le mantienen firme en Su amor y en Su fidelidad, recordándole su dependencia del Señor. Lo que Dios promete, lo cumplirá. Como dijo el célebre misionero David Livingston: "¡Es la palabra de un Caballero con una decencia sagrada y rigurosa, y hay un fin en ella!" Reclámela como suya, y persevere con fe hasta que el Señor le responda.

ORACIÓN

Gracias, Señor, por cumplir Tus promesas. Ellas son seguras y dignas de confianza, y son para mí. Tu Palabra es verdad, y siempre puedo contar con ello cuando la necesidad es grande. Ayúdame a conocer Tus promesas que se aplican a mis circunstancias, y a permanecer firme en Ti.

NOTAS DIARIAS

_____

_____

_____

_____

_____

_____

_____

_____

_____

_____

_____

_____

_____

_____

_____

Esperando en el Señor

Así sirvió Jacob por Raquel siete años; y le parecieron como pocos días, porque la amaba (Génesis 29:20).

Puede tomarme todo un día lograr la imagen que quiero para una fotografía. Esperando la luz apropiada, enmarcando la toma exacta, estudiando bien la exposición correcta. Pero estas salidas, rara vez me parecen largas o tediosas, porque yo amo la fotografía. El tiempo vuela cuando uno la está pasando bien -cuando uno ama lo que está haciendo, y se siente emocionado por los resultados.

¿Ama usted lo que hace, o lo más probable es que se queje? ¿Tiene el corazón contento "con un banquete continuo", de que habla Proverbios

(15:15), o está agobiado por la ansiedad o el hastío? No importa la tristeza o la monotonía que le rodeen, Dios puede transformar su actitud para que enfrente sus tareas y relaciones con una disposición optimista.

Jim Elliot, el misionero que sufrió el martirio en Ecuador, dijo: "Dondequiera que usted esté, esté allí del todo". Es posible que usted quiera estar en otro trabajo, en otro matrimonio, o en otra casa; pero el secreto para disfrutar de la vida es estar contentos con lo que tenemos ahora, por más difícil que pueda ser esto. "Gran ganancia es la piedad acompañada de contentamiento" (1 Timoteo 6:6). Es bueno soñar y tener metas, pero concentre su energía en sacarle el máximo provecho a la situación en que Dios le ha puesto.

El autor de Eclesiastés nos dice que "es don de Dios que todo hombre coma y beba, y goce el bien de toda su labor" (Eclesiastés 3:13). Su vida es un regalo de Dios, cualquiera que sea su situación. Aun en los momentos más difíciles, descubriremos una profunda paz interior cuando conocemos a Cristo.

Cuando enfrente el ahogo de las dificultades, recuerde que Dios ha ordenado su vida de acuerdo con Su voluntad perfecta. Es posible que sus circunstancias no siempre sean las mejores, pero la amorosa mano de Dios es quien las da –para su bien. El gozo el Señor puede convertirse, en su fortaleza.

Con la ayuda de Dios, usted puede amar lo que hace, disfrutar de la situación presente, y estar satisfecho con las relaciones que tiene. Si eso es así –como sucedió con Jacob– los años le parecerán sólo unos días, y su gozo será total.

ORACIÓN

Amado Padre celestial, Tú sabes que no me he sentido feliz con mi situación actual. Soy culpable de detenerme a observar las vidas de otras personas, queriendo tener lo que ellas tienen, no lo que yo tengo. Quiero hacer un cambio ahora mismo. Necesito Tu ayuda para cambiar mi actitud. Infunde en mí una perspectiva feliz y optimista en todo lo que hago, y

*la comprensión de que ésta es Tu voluntad
para mi vida hoy. Amén.*

NOTAS DIARIAS

_____

_____

_____

_____

_____

_____

_____

_____

_____

_____

_____

_____

_____

_____

_____

_____

_____

Una influencia para toda la vida

Dios nuestro Salvador... quiere que todos los hombres sean salvos y vengan al conocimiento de la verdad (1 Timoteo 2:3, 4).

Todos tenemos el potencial para influenciar a otras personas. Una manera de hacerlo es influenciando de manera intencional. Por ejemplo, para crear hijos piadosos, los padres les enseñan específicamente la veracidad de la Biblia, la reverencia a Dios, y la prioridad de la obediencia a Él. De esta manera, las verdades bíblicas son impartidas deliberadamente a la nueva generación. Hay también otra manera -la influencia pasiva- mediante la cual una persona pone en práctica su fe delante de los demás.

Aunque mi madre me influenció de ambas maneras, su influencia pasiva era tan poderosa que yo jamás habría pensado en ser desobediente a Dios o en descuidar Su propósito para mi vida. Ella sólo terminó la escuela primaria; por tanto, no tenía grandes conocimientos, pero lo que yo veía y sentía tuvo en mí una influencia imperecedera. Yo veía a mi madre vivir obedientemente su fe, aun no teniendo bienes materiales, y su testimonio me influyó en mí profundamente. Desde mi infancia y hasta que salí de la casa, mi madre se arrodillaba junto a mi cama y oraba por mí y conmigo. Aprendí a orar, no por lo que ella me decía, sino por sentir su presencia junto a mí, y por oírle pronunciar mi nombre a Dios.

Si quiere influenciar de verdad a sus hijos para que tengan una vida piadosa, viva piadosamente delante de ellos. Invierta tiempo para influenciar a sus hijos de una manera deliberada, enseñándoles verdades y principios bíblicos. Pero exhiba también esos principios en su propia vida. Los hijos jamás olvidarán como usted reaccionaba en medio de la adversidad, como demostraba respeto a los demás, o como oraba. Las cosas que influencian su vida, también influenciarán las de ellos. Cuándo sus hijos lo ven dando con generosidad, ¿piensa que lo olvidarán? ¿Serán ellos incapaces de recordar su amor y preocupación por las demás personas, o que le vieron llorar con compasión por los sufrimientos y las dificultades de otros?

Este mismo principio es cierto en cuanto a los compañeros de trabajo y a los familiares. Cuando ellos observan su conducta, su vida influenciará las suyas, tanto para el bien como para el mal. Por tanto, asegúrese de que su vida sea pura y radiante, para que tenga una influencia positiva.

ORACIÓN

Señor, cuando pienso en el pasado, recuerdo que fue la demostración de Tu amor a través de otra persona lo que me hizo tener anhelo por Ti. Quiero tener esa misma influencia sobre los demás. Vive Tu vida a través de mí, y permite que mi conversación, mi conducta y mi carácter sean un reflejo de Ti. Amén.

NOTAS DIARIAS

El perdón

Sed benignos unos con otros, misericordiosos,
perdonándoos unos a otros, como Dios también
os perdonó a vosotros en Cristo (Efesios 4:32).

Fue una cena memorable, no por la comida, sino por la conversación. Dios estuvo enderezando cosas que habían estado malas entre mis hijos y yo. Quería saber si había falta de perdón en sus corazones hacia mí, o si al criarlos hice yo algo que los hirió profundamente.

Mi hijo fue el primero que habló: "Papa, ¿recuerdas la vez que estabas en tu estudio, y yo practicaba mi música? Había tocado la misma parte muchas veces, y reconozco que lo hacía ruidosamente. Tú entraste a la sala y dijiste: '¿Eso es lo único que sabes'? Sentí que me rechazabas tanto a

mí como a mí música. Y eso me dolió". Luego mi
hija dijo lo que pensaba: "Cuando yo tenía cinco
años, y vivíamos en Miami, me mandaste a mi cuar-
to y me hiciste permanecer allí por el resto de la
noche. Eso me hizo llorar mucho".

Ellos siguieron hablando de otros casos en los
que sentían que yo los había agraviado. Pude
haberme defendido, pero debía hacer una sola cosa,
pedirles que me perdonaran. Lo hicieron, y el aire
de resentimiento se despejó.

Si ha ofendido a una persona, o una persona le
ha agraviado a usted, el perdón es la única opción
viable para poder experimentar plenamente el amor
de Dios. Cuando busca el perdón, o lo da, lanza un
amor como el de Cristo al corazón del problema.
Un espíritu no perdonador es un veneno. Paraliza el
crecimiento cristiano, contamina su relación con
Jesús, y le roba el gozo personal. Pero un espíritu
perdonador vence las barreras emocionales y sana las
cicatrices emocionales.

Comience el proceso de sanidad examinándose
a usted mismo, y arrepintiéndose de tener un

espíritu rencoroso. Tomás de Kempis escribió:
"Llevamos una cuenta cuidadosa de los agravios que
nos hacen los demás, pero rara vez pensamos en lo
que los demás pueden sufrir por culpa nuestra".
Siga con el proceso de sanidad cancelando la deuda
de ofensas contra usted. El proceso tiene una gran
carga emocional, pero es un asunto de decisión, no
de sentimientos. Esto libera a la persona de la condenación de usted, de la misma manera que Dios
lo liberó a usted de la deuda de pecado cuando le
perdonó. Reconozca que su ofensor ha dejado al
descubierto una actitud no perdonadora en usted,
que Dios puede sanar si usted decide perdonar.

Todo el tiempo pasado con un espíritu no perdonador, es un tiempo desperdiciado. No equivale
a nada, y no sirve para nada. Pero cuando usted
perdona, comienza el proceso de restauración. El
rencor pierde su aferramiento hostil, y la libertad
del perdón se hace presente. Nunca podrá ser totalmente libre, sino hasta que perdone por completo.

ORACIÓN

Señor, es increíble la manera como los agravios no resueltos pueden afectar tanto nuestra vida. No quiero que nada se interponga entre el amor que Tú tienes para dar, y yo. Sé que hay agravios de los que debo ocuparme y corregir. Por favor, trae a mi mente esas faltas pasadas y dame la sabiduría para enmendarlas.

NOTAS DIARIAS

Solucionando problemas con la oración

Amo a Jehová, pues ha oído mi voz y mis súplicas; porque ha inclinado a mí su oído; por tanto, le invocaré en todos mis días

(Salmo 116:1, 2).

Se dice que dos cosas son seguras: la muerte y los impuestos. Permítame añadir una tercera –los problemas. Pero, a diferencia de las primeras dos, usted puede hacer algo en cuanto a la última. Puede orar. Dios, gracias a Su amor, nos ha dado la oración como un medio para disfrutar del compañerismo con Él, y para obtener Su dirección en la solución de nuestros problemas. Dios es un especialista en la solución de problemas, y cuando le presenta sus dilemas, Él le responderá. Su respuesta puede ser o no lo que quería, y es posible que no encaje con sus planes. Sin embargo, Dios ha hecho un pacto con usted en la que Él asume la responsabilidad de ayudarle, guiarle, corregirle y darle a conocer Su voluntad. La oración es el medio de permitirle a Él que le ayude.

Presente su problema a Dios. Debemos ser transparentes delante del Señor, porque Él ya sabe lo que nos preocupa. David derramó su corazón ante Dios y, al hacerlo, aprendió a confiar en Él; nosotros podemos hacer lo mismo. Y cuanto más específico sea en la oración, más fácilmente podrá discernir Su respuesta.

Crea que Dios actuará. El Señor le dijo a Su pueblo que clamaran a Él y lo verían hacer cosas grandes (Jeremías 33:3). Las peticiones que haga carecerán de sentido si no espera la respuesta de Dios. De eso se trata la fe -de ver a Dios trabajando tras nuestras circunstancias naturales. Espere la respuesta del Señor, y recuerde que su problema aguarda Su solución, no la de usted. C. S. Lewis escribió

"La eficacia de la oración": "Si un Ser infinitamente sabio escucha la petición de unas criaturas finitas y necias, por supuesto que a veces Él las concederá y a veces las rechazará". Las soluciones de Dios son siempre mejores, aunque no se ajusten a nuestros deseos.

Agradezca a Dios durante la espera. La acción de gracias reconoce la fidelidad y el amor de Dios cuando las circunstancias son adversas. Un corazón agradecido se regocija en el Dios que responde, así como se regocija en la respuesta misma.

Dios es mayor que su problema, y capaz de resolverlo. Jamás puede sobrestimarse el poder de la oración, porque es el Dios omnipotente quien la escucha y la responde. Resuelva su dificultad de la manera que Dios quiere, siga Sus instrucciones, y permita que Él decida o no quitar el problema. Sus peticiones prepararán el escenario para la mejor solución posible, si pone su confianza en el Dios que se interesa por nosotros.

ORACIÓN

Amado Padre que estás en los cielos, gracias por el regalo de la oración. Que pueda hablar contigo personalmente, y que Tú escuches, es francamente un milagro. Enséñame cómo comunicarme mejor contigo, y a confiar en Ti plenamente. Amén.

NOTAS DIARIAS

_____

_____

_____

_____

_____

_____

_____

_____

_____

_____

_____

Probado y cierto

Porque esta leve tribulación momentánea
produce en nosotros un cada vez más
excelente y eterno peso de gloria
(2 Corintios 4:17).

La adversidad es una experiencia inevitable de la vida, y no somos felices cuando ella nos afecta personalmente. Una teología popular dice: "Sólo confía en Dios y piensa bien; entonces no tendrás problemas". Sin embargo, cuando estudiamos la Biblia vemos que Dios ha madurado a Sus más grandes siervos por medio de la adversidad, no de la prosperidad.

Dios no está interesado en crear una generación de cristianos miedosos. Por el contrario, Él utiliza los problemas para formar soldados para Jesucristo, que sean valientes y llenos del Espíritu Santo. La mayoría de nosotros no queremos ni siquiera oír hablar de dificultades, pero es mejor saber lo que es la adversidad antes de experimentarla, que enfrentar una dificultad y preguntar: Señor, ¿qué es esto que estás haciendo?

Vivimos en un mundo caído, querámoslo o no, estamos rodeados por el pecado y sus consecuencias. Las dificultades son parte de la vida; pueden causarnos abatimiento, hasta el punto del desengaño. Cuando nos enfrentamos a dificultades, consideramos que la prueba es injusta e insoportable. Nuestra actitud usualmente es la siguiente: "No es justo, Señor". Pero, deberíamos preguntarlos: "¿Qué piensa Dios de esto?"

Si no experimentamos persecuciones o pruebas –si tenemos todo lo que queremos, y nada de problemas– ¿qué sabríamos acerca de nuestro Padre celestial? Nuestro concepto del Él sería antibíblico y relativo. Sin las adversidades, no entenderíamos quién es y cómo es Dios. Mediante ellas, el Señor

prueba Su fidelidad, y permite situaciones de las
cuales Él nos salva.

¿Quiere tener la clase de fe basada sólo en lo
que ha oído o leído? Nunca será *su* verdad hasta
que Dios forme esta verdad en su vida. Muchos de
nosotros memorizamos estas palabras aun antes de
que entendiéramos su significado: "Aunque ande en
valle de sombra de muerte, no temeré mal alguno,
porque tú estarás conmigo" (v. 4). Sin embargo, el
salmo 23 no es una realidad viva hasta que nos
encontremos personalmente en el valle.

La adversidad puede ser un desánimo fatal, o
la mejor herramienta de Dios para promover el crecimiento espiritual. La respuesta que usted dé es
crucial. Recuerde que Dios tiene un propósito para
el problema que Él ha permitido, y ese problema es
parte del maravilloso plan que Él tiene para su vida.

ORACIÓN

Señor, han habido ocasiones en mi vida cuando
he encontrado injusto mi sufrimiento, cuando
he clamado: ¿Por qué, Señor?", y no hubo

ninguna respuesta. Pero Tú me has alentado permitir esas pruebas y ese sufrimiento, haciendo que me acerque a Ti. Tú no me diste explicaciones para las que yo no estaba preparado. El dolor fue real, pero Tú has sido un consuelo inolvidable para mí durante esos difíciles momentos. Aunque Tú no fuiste la causa del sufrimiento, puedes cambiarlo completamente y darle un nuevo significado y un nuevo propósito. Por tanto, te doy gracias por él. Amén.

NOTAS DIARIAS

_____

_____

_____

_____

_____

_____

_____

_____

_____

_____

El poder del amor

Pero el mayor de ellos es el amor
(1 Corintios 13:13).

Nada iguala el poder del amor. El amor sana, restaura, perfecciona, y hace todas nuevo. El amor supera a las otras virtudes. El capítulo 13 de Primera a los Corintios nos dice lo que es el amor.

El amor es "sufrido". Nunca tiene prisa, nunca presiona, nunca exige. Espera la voluntad de Dios, cualquiera que ésta sea y cuando sea. Se niega a dejarse vencer por el pánico o a aferrarse a soluciones temporales.

El amor es "benigno". Actúa procurando lo mejor para los demás. Pasa por alto las ofensas. Es desmedido, dando más de lo que se necesita. El amor "no tiene envidia, no es jactancioso, no se envanece". Espera que sea Dios quien engrandezca y exalte. Le da a Dios el mérito del éxito, y reconoce las contribuciones de los demás. Aplaude los logros de otras personas. No es ostentoso ni ridiculiza, sino que dobla su rodilla con humildad.

El amor "no hace nada indebido". Es amable y considerado para con todos, aun con los malge-niosos. El amor "no busca lo suyo". No busca la perfección personal, sino que le da la prioridad al reino de Dios.

El amor "no se irrita, no guarda rencor". No se irrita por la conducta de los demás. Se niega a juz-gar, dejando eso a Dios. No lleva una cuenta mental de ofensas. El amor no se goza de la injusticia, sino que se regocija con la verdad. Enfrenta cada día con alegría. Piensa en todo lo bueno, y es feliz en la obediencia a Dios.

Pablo termina este pasaje diciendo que "el amor nunca deja de ser". Esto indica que el amor nunca se acabará y significa que cualquiera que sea la situación, la respuesta adecuada es siempre el amor. El responder con amor nos mantiene libres - no somos cautivos del rencor, la ira, la hostilidad o de un espíritu rencoroso.

Usted puede vivir en las cadenas del odio, de la depresión y del resentimiento, o puede ser libre -la decisión es suya. Dios está esperando para guiarlo a una vida abundante, redimido por Su amor.

ORACIÓN

Padre celestial, ¡yo quiero ser libre! Libre para amar y ser amado. Por favor, sigue enseñándome en cuanto a la maravilla de Tu amor por mí. Enséñame como aceptarlo, y luego úsame para demostrar ese amor a los demás. Señor, te amo y te doy las gracias por amarme primero. Amén.

NOTAS DIARIAS

Conclusión

La vida cristiana abundante está basada en el amor que Dios le tiene a usted, y en la capacidad que usted tiene para sentir ese amor, aceptarlo y experimentarlo. Una vez que entiende y prueba lo que es el amor incondicional de Dios, el cual Él ofrece independientemente de lo que nosotros hagamos, usted no puede evitar que Él le ame. Es posible que piense: "Bueno, después de todo lo malo que he hecho en la vida, y de lo que he sido, ¿cómo es posible que Dios me ame?" Amigo mío, ése no es el punto. La pregunta que debe responder es ésta: ¿Puede usted aceptar Su amor?

Jesús se hizo voluntariamente vulnerable. Fue herido, sufrió el dolor, pero siguió amando. ¿Dejó Él de amar a Judas después de su traidor beso en el huerto? No. Él amó a Judas incondicionalmente.

Entonces, ¿cómo quiere Dios que vivamos? Él
quiere que usted y yo vivamos con un sentido de
vulnerabilidad -que amemos a las personas incondicionalmente. Tenga esto por seguro: va a ser herido,
va a ser defraudado, va a ser rechazado en ciertos
momentos. Pero, ¿está dispuesto a cerrarle la puerta
al verdadero amor? Si usted ha probado lo que es el
amor genuino e incondicional, sabe que vale la pena
arriesgarse. Vale la pena la posibilidad de ser rechazado. ¿Cuántas veces? Eso depende de su capacidad
de recibir verdadero amor.

Lamentablemente, muchas personas viven y
mueren sin haber experimentado el poder del amor
genuino e incondicional. Ni bienes materiales, u
otras relaciones, lugares exóticos a visitar, prestigio,
popularidad, prosperidad, posición o poder puede
compararse con la maravillosa sensación de satisfacción intensa que produce experimentar el amor
incondicional.

Mi oración es que en los últimos treinta y un
días haya usted comenzado una nueva vida al experimentar el maravilloso poder del amor de Dios.

Haga de la oración, de la lectura y del estudio de
la Palabra de Dios, una prioridad en su vida diaria,
y experimente lo que es vivir al máximo –andando
cada día en el poder del amor incondicional de Dios.

¿Ha aceptado usted el regalo más grande de Dios?

Nuestro Padre celestial ha preparado muchos regalos y bendiciones especiales para Sus hijos, pero el regalo más grande es el de la vida eterna por medio de Su Hijo Jesucristo. Si usted nunca ha invitado a Jesús como su Señor y Salvador, puede hacerlo ahora mismo diciendo esta sencilla oración:

"Padre celestial, sé que soy un pecador. Creo que Jesús murió en la cruz por mis pecados, y que pagó mi deuda totalmente. Perdóname por mis pecados, y límpiame de mi culpa y de mis pecados pasados. Te rindo hoy el control de mi

vida. Hazme la persona que Tú has querido
que yo sea. Oro en el nombre de Jesús. Amén."

Si usted dijo esto con sinceridad al Señor,
entonces, de acuerdo con la Palabra de Dios, ¡usted
ha nacido de nuevo! Quiero ahora darle pasos posi-
tivos que le ayudarán a crecer en su nueva fe.
Visite la página www.institutocharlesstanley.com
www.charlesstanleyinstitute.com e involúcrese en
nuestro programa de estudios. Asimismo, comparta
con otras personas su decisión de seguir a Jesús,
y consiga una iglesia que enseñe la inquebrantable
verdad de la Palabra de Dios. Hoy es el primer día
de un viaje que algún día lo llevará a la presencia de
su padre celestial, quien le ha amado desde siempre.

Apéndice

— Día 1 —

Y nosotros hemos conocido y creído el amor que Dios tiene para con nosotros. Dios es amor; y el que permanece en amor, permanece en Dios, y Dios en él (1 Juan 4:16).

— Día 2 —

El que no ama, no ha conocido a Dios; porque Dios es amor (1 Juan 4:8).

Cercano está Jehová a los quebrantados de corazón; y salva a los contritos de espíritu (Salmo 34:18).

— Día 3 —

No gritará, ni alzará su voz, ni la hará oír en las calles. No quebrará la caña cascada, ni apagará el pábilo que humeare (Isaías 43:2, 3).

— Día 4 —

Nos acordamos de tu misericordia, oh Dios, en medio de tu templo (Salmo 48:9).

No te desampararé, ni te dejaré (Hebreos 13:5).

Por cuanto el rey confía en Jehová, y en la misericordia del Altísimo, no será conmovido (Salmo 21:7).

De mañana sácianos de tu misericordia, y cantaremos y nos alegraremos todos nuestros días (Salmo 90:14).

— DÍA 5 —

Porque ha engrandecido sobre nosotros su misericordia (Salmo 117:2).

Porque de tal manera amó Dios al mundo, que ha dado a su Hijo unigénito, para que todo aquel que en él cree, no se pierda, mas tenga vida eterna (Juan 3:16).

Como el Padre me ha amado, así también yo os he amado; permaneced en mi amor (Juan 15:9).

— DÍA 6 —

Justificados, pues, por la fe, tenemos paz para con Dios por medio de nuestro Señor Jesucristo; quien también tenemos entrada por la fe a esta gracia en la cual estamos firmes (Romanos 5:1, 2).

*Porque por gracia sois salvos por medio de la fe; y
esto no de vosotros, pues es don de Dios; no por obras,
para que nadie se gloríe* (Efesios 2:8, 9).

— DÍA 7 —

*En esto consiste el amor: no en que nosotros hayamos
amado a Dios, sino en que él nos amó a nosotros, y
envió a su Hijo en propiciación por nuestros pecados*
(1 Juan 4:10).

*Toda buena dádiva y todo don perfecto desciende de
lo alto, del Padre de las luces, en el cual no hay
mudanza, ni sombra de variación* (Santiago 1:17).

— DÍA 8 —

Amen a sus enemigos, háganles bien (Lucas 6:35 NVI).

*No devuelvan mal por mal ni insulto por insulto;
más bien, bendigan* (1 Pedro 3:9 NVI).

Cuando le maldecían, no respondía con maldición;
cuando padecía, no amenazaba, sino encomendaba
la causa al que juzga justamente
(1 Pedro 2:23).

— DÍA 9 —

Jehová no mira lo que mira el hombre; pues el hom-
bre mira lo que está delante de sus ojos, pero Jehová
mira el corazón (1 Samuel 16:7).

— DÍA 10 —

Si vuestros pecados fueren como la grana, como
la nieve serán emblanquecidos; si fueren rojos como
el carmesí, vendrán a ser como blanca lana
(Isaías 1:18).

— DÍA 11 —

En tu mano están mis tiempos (Salmo 31.15).

*Padre mío, si es posible, pase de mí esta copa; pero no
sea como yo quiero, sino como tú* (Mateo 26:39).

*Porque yo sé muy bien los planes que tengo para
ustedes –afirma el Señor– planes de bienestar y no
de calamidad, a fin de darles un futuro y una
esperanza* (Jeremías 29:11 NVI).

— DÍA 12 —

*Estando persuadido de esto, que el que comenzó en
vosotros la buena obra, la perfeccionará hasta el día
de Jesucristo* (Filipenses 1:6).

Haced todo sin murmuraciones y contiendas
(Filipenses 2:14).

*Dios es quien produce en ustedes tanto el querer
como el hacer para que se cumpla su buena voluntad* (Filipenses 2:13).

— DÍA 13 —

Por tanto, de la manera que habéis recibido al Señor Jesucristo, andad en él (Colosenses 2:6).

Vivimos por fe, no por vista (2 Corintios 5:7 NVI).

— DÍA 14 —

Pero tengo contra ti, que has dejado tu primer amor (Apocalipsis 2:4).

— DÍA 15 —

[Pablo] recorrió aquellas regiones, alentando a los creyentes" (Hechos 20: 2 NVI).

Panal de miel son los dichos suaves; suavidad al alma y medicina para los huesos (Proverbios 16:24).

Que sus palabras contribuyan a la necesaria edificación y sean de bendición para quienes escuchan (Efesios 4:29 NVI).

— DÍA 16 —

El Señor encamine vuestros corazones al amor de Dios (2 Tesalonicenses 3:5).

— DÍA 17 —

Amemos... de hecho y en verdad (1 Juan 3:18).

Somos hechura suya, creados en Cristo Jesús para buenas obras (Efesios 2:10).

— DÍA 18 —

Alabaré tu nombre por tu misericordia y tu fidelidad (Salmo 138:2).

Alabadle por sus proezas (Salmo 150:2).

Aunque falte el producto del olivo, y los labrados no den mantenimiento, y las ovejas sean quitadas de la majada, y no haya vacas en los corrales; con todo, yo me alegraré en Jehová (Habacuc 3:17, 18)

— DÍA 19 —

Nadie podrá arrebatármelas de la mano
(Juan 10:28 NVI).

Amarás a Jehová tu Dios de todo tu corazón, y de toda tu alma, y con todas tus fuerzas
(Deuteronomio 6:5).

Tu mano derecha me sostiene (Salmo 63:8).

Porque yo soy el Señor, tu Dios, que sostiene tu mano derecha", dijo Dios a un pueblo temeroso
(Isaías 41:13 NVI).

— DÍA 20 —

Porque Dios ama al dador alegre (2 Corintios 9:7).
Porque de tal manera amó Dios al mundo, que ha dado a su Hijo unigénito... (Juan 3:16).

Vivo por la fe en el Hijo de Dios, quien me amó y dio su vida por mí (Gálatas 2:20 NVI).

El alma generosa será prosperada; y el que saciare, él también será saciado (Proverbios 11.25).

Dad, y se os dará", prometió Jesús (Lucas 6:38).

— DÍA 21 —

Porque el amor de Cristo nos constriñe
(2 Corintios 5:14).

— DÍA 22 —

Porque grande es tu amor por mí (Salmo 86:13 NVI).

A todos los que le recibieron, a los que creen en su nombre, les dio potestad de ser hechos hijos de Dios (Juan 1:12).

— DÍA 23 —

En el amor no hay temor, sino que el perfecto amor echa fuera el temor (1 Juan 4:18).

Y yo rogaré al Padre, y os dará otro Consolador... el Espíritu de verdad, al cual el mundo no puede recibir, porque no le ve, ni le conoce; pero vosotros le conocéis, porque mora con vosotros, y estará en vosotros. No os dejaré huérfanos; vendré a vosotros (Juan 14:16-18).

— DÍA 24 —

Yo reprendo y castigo a todos los que amo (Apocalipsis 3:19).

El Señor al que ama, disciplina (Hebreos 12.6).

Si soportáis la disciplina, Dios os trata como a hijos (Hebreos 12:7).

Dios lo hace [nos disciplina] para nuestro bien, a fin de que participemos de su santidad (Hebreos 12:10 NVI).

— DÍA 25 —

Dios nos ha entregado sus preciosas y magníficas promesas (2 Pedro 1:4).

Tú eres el Dios que hace maravillas; hiciste notorio en los pueblos tu poder (Salmo 77:14).

Dad, y se os dará (Lucas 6:38).

— DÍA 26 —

Así sirvió Jacob por Raquel siete años; y le parecieron como pocos días, porque la amaba (Génesis 29:20).

— DÍA 27 —

Gran ganancia es la piedad acompañada de contentamiento (1 Timoteo 6:6).

Es don de Dios que todo hombre coma y beba, y goce el bien de toda su labor (Eclesiastés 3:13).

Dios nuestro Salvador... quiere que todos los hombres sean salvos y vengan al conocimiento de la verdad (1 Timoteo 2:3, 4).

— DÍA 28 —

Sed benignos unos con otros, misericordiosos, perdonándoos unos a otros, como Dios también os perdonó a vosotros en Cristo" (Efesios 4:32).

— DÍA 29 —

Amo a Jehová, pues ha oído mi voz y mis súplicas;
porque ha inclinado a mí su oído; por tanto, le invo-
caré en todos mis días (Salmo 116:1, 2).

— DÍA 30 —

Porque esta leve tribulación momentánea produce en
nosotros un cada vez más excelente y eterno peso de
gloria (2 Corintios 4:17).

— DÍA 31 —

Pero el mayor de ellos es el amor (1 Corintios 13:13).

Diario de transformación personal

Utilice estas páginas para escribir la manera como Dios ha cambiado su concepto acerca de lo que es el amor verdadero.

_____

_____

_____

_____

_____

_____

_____

_____

_____

_____

_____